ちくま新書

「超」働き方改革
――四次元の「分ける」戦略

太田肇
Ohta Hajime

1502

「超」働き方改革——四次元の「分ける」戦略

【目次】

はじめに

この数年、私たちの職場や働き方について、大きな問題がつぎつぎと浮上している。

なぜ、「働き方改革」は思うように進まないのか？
なぜ、日本人の仕事に対する熱意と帰属意識は「世界最低」なのか？
なぜ、わが国の労働生産性や国際競争力は急落し、三〇年たっても浮上しないのか？
なぜ、同種のパワハラや組織不祥事がくり返されるのか？
なぜ、女性活躍を妨げる「ガラスの天井」はなくならないのか？

いずれの問題についても識者や経営者、現場の人たちはその原因をさぐり、さまざまな角度から対策を講じてきた。

「働き方改革」推進のためテレワーク、裁量労働制、ノー残業デー、育児休暇、子育て支援制度、介護支援制度といった制度が続々と登場した。

ところが多くの制度は、せっかく取り入れても利用者が予想外に少ないという。新型コロナウィルスへの対応で導入されたテレワークでさえ、実際に利用できる人は一部の人や職種にかぎられている。制度によっては、会社命令でむりやり利用させるような本末転倒の現象も起きている。

働く人の「やる気」アップや生産性向上を図る制度も、多くはねらいどおりの効果をあげていない。

その代表格は、なんといっても、かつて大企業中心に流行した成果主義だろう。周知のとおり世紀をまたぐころ各社が先を競うように導入したものの、残念ながら期待したような効果はあげられなかった。そればかりか、社員の間に予想以上の不満や不公平感が広がり、多くの企業が短期間のうちに事実上撤回する始末だった。

そして高度な専門職を活用する目的で二〇一九年の法改正で認められた高度プロフェッショナル制度も、期待に反してほとんど活用されていないのが現実である。

もちろん無力なのは制度づくりだけでない。

現場では、働きやすい職場づくりのためマネジメント研修を行ったり、やる気・働きがいを引きだすため上司と部下が話し合う機会を増やしたりするなど、さまざまな努力がなされている。しかし働く人たちの声を聞いてみると、やはり目立った効果があがっているところは少ないようだ。

働き方改革にしても、生産性向上にしても、せっかくの努力が実を結ばないのは、根底にある基本的な構造が変わらないからである。構造を変えずにいくら細かいところに手を入れても、また人びとの意識を変えようとしてもうまくいかない。それどころか、ねらいとは裏腹に事態をますます悪化させてしまうおそれがある。

では、変えなければいけない「構造」とはいったい何か？

それは組織や集団から個人が「未分化」であること、すなわち組織や集団に個人が溶け込んでしまっている状態だ。

個と全体が一体になった組織は、わが国の強みだった。また企業にとっても、個人にとってもメリットが多かった。少なくともメリットがデメリットを上回っていた。

ところが社会的、技術的な条件の急激な変化によって、メリットとデメリットの関係が逆転してしまった。

その変化とは、一つが仕事や活動において人に求められるものが大きく変わったこと。

のだ。

もう一つは、「分ける」ことと「つながる」ことのトレードオフ（相反する関係）が解消され、むしろ分けることでより強く、より広くつながれる場面が増えてきたことである。その結果、冒頭のような問題がつぎつぎと頭をもたげると同時に、解決の糸口もみえてきたのだ。

したがって、いま必要なのは「分化」すなわち組織や集団から個人を「分ける」ことである。

身近な例をあげると、在宅勤務を導入して会社と個人の居場所を「分け」、会社との間に適度な距離を保てるようになれば、それだけでも家族や友人たちと共通の時間を過ごせるようになり、外部の人たちとのネットワークを広げられる。

そして、各人の仕事を切り「分け」れば仕事に対する意欲が高まり、生産性も上がる。

残業が常態化していたある中小企業では、一人ひとり仕事の分担を明確にし、自分の仕事を片づけたらいつ帰ってもよいことにした。すると、みんなが午前中に仕事を片づけ帰ってしまったという。似たような例はいたるところにある。

しかし、それでは社員どうしがバラバラになり、チームワークが損なわれると心配する人もいるだろう。ところが分担を明確にした職場では、同僚どうしの利害対立が解消され、自発的に協力するようになったという声が聞かれる。

新型コロナウィルスへの対応策として急遽取り入れられたテレワークも、多数の企業が戸惑いをみせているなかで、一部の企業ではスムーズに実施され、かえって以前よりも生産性が上がったという。その違いは、やはり仕事が分けられているか否かによるところが大きい。インターネットなどが普及したいまの時代には、「分ける」ことで災害や伝染病のような危機にも強くなることが、図らずも裏づけられた形である。

パワハラ、セクハラなどのハラスメントもまた深刻な社会問題となっているが、その発生は未分化な職場環境と無関係ではない。その証拠にパワハラやマタハラ（マタニティハラスメント）は、個人の仕事の分担が明確なほど少なくなるという研究結果が発表されている。

ところで、仕事を分けるというと、マネジメントに詳しい人は欧米のように一人ひとりの仕事内容が細かく決められた働き方（職務主義）を連想するだろう。わが国でも「メンバーシップ型」雇用から「ジョブ型」雇用へ移行すべきだと唱える人が増えている。しかし、いっぽうで社会的、技術的な環境の変化によって、職務主義とは切り口の異なる新たな分け方が注目されるようになった。第一章では、「後進的」といわれたアジアや、日本国内でも中小企業でその新たな働き方が広がるきざしがあることを紹介する。

「分化」とは、仕事を分けることだけではなく、ほかにもある。その一つが、物理的な分化だ。

オフィスの机を一人ずつ仕切る衝立は、社員どうしのコミュニケーションの妨げになるようにみえる。ところが意外にも、仕切られているほうがコミュニケーションは活発になることが研究で明らかになっている。そこには、だれでも納得できる理由がある。

また大部屋で侃々諤々の議論をすると達成感があり、生産性も上がっているように思えるが、実は高度な仕事になるほど個人単位で行うほうが成果は高くなるというデータがある。もちろん仕切るだけ、一人で集中するだけでなく、つながる環境、議論する場も必要だ。大切なのは、これまでとは違う形で両方のバランスをとっていくことである。

時間軸による分化もある。

長年の間、若者が定着しない問題に悩まされていたある会社では、思い切って発想を変え、三年を一区切りとして三年たてば独立できる制度を導入した。すると三年で八割辞めるといわれる業界において、導入後は三年以内に離職する若者が一割に減った。そして先輩社員が彼らを積極的に支援するような職場風土になったそうである。考えてみると、これもけっして不思議な出来事ではない。しかも世界を見渡せば、組織の内と外とを隔てる壁はどんどん薄くなり、独立しながらいっそう強くつながる関係が広がりつつある。

そして、もう一つは認知的な分化である。

たとえ仕事の分担ははっきり決められていなくても、一人ひとりの努力と個性、それに「縁の下」での貢献を外からもみえるようにしたところ、モチベーションが一気に上がったとか、仕事の質が格段によくなったという事例が少なくない。自分が製作した機械にネームプレートを貼って出荷するようにした会社では、若手社員の離職が皆無になり、製造した酒のビンに杜氏（とうじ）の名を入れるようにした会社には、消費者から「美味しくなった」という声が届くという。

このように「分化」には制度的な分化（仕事を分ける）、物理的な分化（職場を分ける）、時間的な分化（キャリアを分ける）、そして認知的な分化（認知的に分ける）という四つの次元がある。それらは互いに無関係ではなく、相互に関連している。ただ条件によって複数の戦略が併用できる場合もあれば、特定の戦略しか使えない場合もある。

また各次元とも詳しくみていけば、ただ分ければよいというわけではないことがわかる。分けるときの切り口は仕事の内容や置かれている状況によって、また技術の進歩にともない変わってくる。さらに、分けないことがむしろ「分ける」という趣旨に合致する場合もある。

それでも「分ける」ことが大切だという本質は変わらない。分けるとどんな効果があらわれるのか。どのような方法をとればよいのか。「分けて統べる」システムとはどのようなものか。それを本書で詳しく説明していきたい。

序　章

「分ける」と働き方は変わる

1 「働き方改革」の要は組織改革

†「分ける」べき時代の到来

組織と個人は絶えず「綱引き」を繰り返してきたといってよい。

「近代組織論の祖」と呼ばれるC・I・バーナードが名著『経営者の役割』(一九六八)で述べているように、人は個人で達成できない目的を達成するために協働、すなわち団結して一緒に働こうとする。企業も人びとを組織として統合することで大きな貢献を引きだし、利益を得ようとする。

しかし統合が強くなりすぎると個人の自由が奪われ、個人の意欲と能力が十分に引きださせなくなる。それは企業にとっても望ましくない。

そこで企業は、統合を犠牲にすることなく個人の力を引きだすにはどうすればよいか、試行錯誤を繰り返してきた。学問の世界においても、経営学や組織論の研究者たちはこのテーマに多大な時間とエネルギーを割いてきた。

そのなかでも組織の統合、それに本書のキーワードでもある「分化」を取りあげた研究者として知られるのがP・R・ローレンスとJ・W・ローシュ（一九七七）である。彼らによると、企業を取り巻く環境が不確実になるほど各部門はそれぞれが直面する環境に適応するため、部門間の「分化」が大きくならざるをえない。なお、ここでいう「分化」は「異なる諸職能部門の管理者たちの間にある、認知的ならびに情動的な指向の違い」と定義されている。要するに、集権的・画一的な組織では変化の激しい環境に適応できないというのである。

このように彼らは組織を対象にしているのであって、本書のように個人に焦点を当ててはいない。しかし、同じことは組織や集団と個人との関係、ならびに個人間の関係についてもいえるはずだ。

農業社会、それにベルトコンベヤによる流れ作業のような少品種大量生産型の工業社会では、みんなが一緒になって一糸乱れぬ共同作業をすることが効率的だった。文字どおり「一丸」となることが求められたのである。ところが技術革新によって、そうした仕事の多くは機械やコンピュータに肩代わりされた。一方ではグローバル化も同時進行するなど環境がますます激しく変化し、かつ多様になると、それに応えるため多様な人たちが自律的に仕事をすることが必要になる。

そして社会が発展し、複雑化するほど一人ひとりの生活や価値観も多様化し、全員一律の働き方や職業生活では満足できなくなる。また人間は経済的に豊かになるといっそう自由を求め、個性を発揮して認められようとするようになる。

しかし部門と部門の関係にしても、組織や集団と個人の関係、それに個人間の関係にしても、分化するとバラバラになり、その弊害がでてくる。たとえばグローバル化が進み、組織成員の多様化が進むほど、力を結集するにはコミュニケーションを密にし、管理を強化し、共同歩調をとらせることが必要になる。そのため、分化の必要性を理解しながらも、結局のところ分化を進められなかった。「もっと一人ひとりを自由にさせたいが、組織の秩序が保てなくなると困るし……」という話になる。したがって、現状を変えることはできなかったのである。

このように組織論において、ずっとつきまとってきたのが自由と協働、分化と統合のトレードオフである。

†ＩＴがトレードオフを解消

ところがいま、その均衡点を大きく動かし、トレードオフを解消する革命的な変化が起きていることを見逃してはいけない。これも技術革新の一側面である。

発端は経済のソフト化、すなわちハードウェア（モノ）より知識、情報などのソフトウェアが価値をもつ時代の到来である。ハードウェアと違ってソフトウェアは形も重さもなく、どこへでも容易に移動させられる。

そして、それを可能にしたのがＩＴ（情報通信技術）革命である。ＩＴは二とおりの理由で、分化と統合のトレードオフ解消に貢献した。

一つめの理由は、ＩＴによって「機能」と「行動」が切り離せるようになったことである。

農業社会や工業社会では人びとが共同作業を行うためには同じ場所で、同じ時間一緒に働かなければならなかった。それがインターネットをはじめＩＴ（情報通信技術）の発達により、離れたところにいても、また時間が違っていてもチームの一員としての役割（機能）を果たせるようになった。

場所的、時間的な制約が解消されただけではない。これまで個人を拘束してきた制度の制約も解消される。チームとして仕事をするうえでは、どの部署、どの会社に属しているかが問われないだけでなく、そもそも組織に属している必要もなくなった。ネット上では容易に組織の壁を越えてチームが組めるし、フリーランスでも支障なくプロジェクトに参加できるからである。逆に特定の組織に縛られていること、すなわち「未分化」であることがメンバーを固定化してしまい、チームとして活動するうえでマイナスになりかねないのである。

つまりＩＴの発達により、自由・分化を犠牲にせず協働・統合することが可能になった。しかもＩＴは人間よりはるかに優れた調整能力も備えているので、時間的・空間的に離れていても緻密な協力、協働ができる。

もう一つの理由として、個人の守備範囲が広がったことがあげられる。

オフィスでは事務処理を支援するソフトの普及、店舗ではＰＯＳシステムの導入が進み、工場でもセンサーやＩｏＴの活用によって、個人で完結する仕事が増えた。また周辺業務も容易にアウトソーシングできるようになり、一人ひとりが専門の仕事に専念しやすくなった。その結果、従来は数人で行っていた仕事を一人で担当するようになったところも少なくない。

　このようにＩＴの進化によって「分ける」ことの制約がつぎつぎと解消されたのである。

日本の起死回生のチャンスに

　さらにＩＴはさまざまな分化のメリットを引きだす力をもっている。

　雇用管理、人事管理の面ではＡＩ（人工知能）を活用すれば、一人ひとりの特性に応じて個別採用することも、能力や貢献度に応じて個別管理することも容易になる。その意味でもいわゆるＩＴ革命は、まさしく「革命」的だったといえる。

　けれどもわが国は工業社会での成功体験があまりにも大きかったため、そこで植え付けられた理念が企業のみならず教育の世界や社会の隅々にまで浸透している。そしてこちらを取るか、あちらを取るかというトレードオフの考え方から抜けだせず、「つなげる」ために「分ける」ことを犠牲にしてきた。

　とりわけＩＴ革命とグローバル化が同時進行した一九九〇年代は、組織の分化が必要になり、つながりながら分化ができるようになった時期である。ところが労働生産性にしても国際競争力にしても、九〇年代にわが国の国際的な地位は大きく凋落した。さらに二〇一四～二〇一九年の直近五年間をみても「企業の順応性」「起業家精神」「労働力の生産性」など「ビジネス」の分野で競争力の低下が著しい（ＩＭＤの調査）。日本企業の組織やマネジメントが、急速な環境の変化に適応できていないことを物語っている。

こうしてみると、わが国および日本企業の凋落の一因が、必要な分化を怠ってきたことにあると考えて間違いないだろう。

だからこそいま、企業にとって分化が必要であり、それによって起死回生のチャンスが生まれるわけである。

2「分ける」ことの意味

†社員とフリーランスの熱意に大差

いっぽう個人にとって、組織や集団からの分化はどんな意味をもつのか？

ここまでは個人単位の分化を、組織や集団を単位とした分化の延長線上で論じてきた。

しかし個人の視点からみたとき、組織や集団を単位にした分化と、個人を単位にした分化とは意味が同じでないばかりか、まったく逆の意味をもつ場合がある。つぎのような例を考えてみたい。

会社を支店単位に分化し、支店長に大きな権限が与えられたとしよう。するとたまたま立派な支店長に恵まれた支店の社員はよいが、支店長が無能だったり横暴だったりすると、支店の社員は分化される前よりも不幸な立場に置かれる。一般に組織の規模が小さくなるほど極端なマネジメントが行われやすくなるからである。

もう一つの問題は、組織や集団を単位にした分化がしばしば理不尽な差別や格差を生むということだ。正社員と非正社員、本社採用と支社採用のように分化された類型による昇進や給与の格差が、同一労働・同一賃金、あるいは実力主義の原則に反する場合がでてくる。さらに性別や人種など個人の属性による「統計的差別」はその典型だ。ときには特定の属性の人たちに対し、よかれと思ってなされた配慮が裏目にでることもある。

したがって個人の視点に立つなら、分化はあくまでも個人単位でなければならないことがわかる。以下、そのことを踏まえながら分化、すなわち「分ける」ことの意味を考えてみよう。

近年、働きがいや仕事に対する意欲をあらわす言葉としてよく使われる言葉に「ワーク・エンゲージメント」（以下「エンゲージメント」と略す）がある。エンゲージメントはW・B・シャウフェリら（Schaufeli, *et al.* 2002）によって提唱されたもので、活力（vigor）、献身（dedication）、没頭（absorption）の三要素からなり、モチベーションよりも広い意味をもつといわれている。より自発的で、かつ高次元の「やる気」が重要になってきたという時代背景を反映しているといえよう。

各種機関がエンゲージメントの調査結果を発表しているが、いずれの結果をみても日本人のエンゲージメントは国際的にみて最低か、最低に近いランクに属する。たとえばギャラップ社が二〇一七年に行った調査によると、わが国では「熱意がある」（engaged）社員はわずか六％に過ぎず、一三九カ国のなかで一三二位となっている。またケネクサというアメリカの人材コンサルタント会社が、二〇一二年に世界二八カ国の正社員に行った調査でも、日本人のエンゲージメントは最下位である。しかも他国と比べて極端に低い。

ところが興味深い数字がある。

近年、組織に縛られないフリーランスとしての働き方が注目されている。内閣府が二〇一九年に行った調査によると、本業としてのフリーランスは国内でおおむね二〇〇万人前後で全就業者の三％程度であり、その比率はアメリカの約四割である。ただ本業としてのフリーランスに近い「雇用的自営業等」はほぼ一貫して増加傾向にあり、二〇一五年の人数は一九八五年の約一・三倍に達している。彼らの多くは自営でありながら企業から仕事を請け負うなど、何らかの形で企業と関係を持ちながら働いている。その意味で、彼らこそ究極の分化した働き方をしているといえよう。

注目すべきなのは、フリーランスのエンゲージメントの高さである。法政大学の石山恒貴が監修して二〇一八年に行われた調査では、フリーランスのエンゲージメントは欧米と比べて遜色のない水準にあることが明らかになっている（一般社団法人プロフェッショナル&パラレルキャリア・フリーランス協会『フリーランス白書2019』）。

わが国ではフリーランスを取り巻く環境が厳しく、所得水準はもとより就労条件や社会保障その他の面で雇用労働者に大きく見劣りする。にもかかわらず彼らのエンゲージメントがそれだけ高いのは、分化された働き方がいかに魅力的かをうかがわせる。逆にいえば日本人のエンゲージメントが低いのは、組織での働き方に問題があることを物語っている。

†分けると自分事になる

組織から独立してフリーランスになった人たちの声を集約するなら、「分ける」ことのメリットは仕事を含めた環境を自分で「コントロールできる」ところにあるといえそうだ。その意味は大きい。

まず、働く時間や場所の自由度が増す。その結果、仕事と私生活との葛藤がなくなる。また仕事のやり方や時間配分も自分で調整できるので、先の見通しがたつ。そして、やったことに対して有形無形の報酬が直接返ってくる。

それによって、次章で説明するようにモチベーションがアップする。モチベーションがアップすれば直接成果が高まるだけでなく、効率的に働こうとするので仕事のムダも減る。結果として生産性がいっそう向上するのである。また結果は自分が招いたものなので、同じ結果でも受け入れられ、納得感や責任感が増す。

そこには、わが国特有の事情も加わる。日本人、そして日本の職場はメンバーが同質的なため、互いに相手の気持ちや心の動きを察知する。それが細やかな気遣いとしてプラスになる反面、同調圧力や相互の牽制などによって人間関係の呪縛を招き、気疲れをもたらしやすい。また上司と部下の関係も単なる役割上の関係ではなく、人格的な性格を帯びがちである。それが部下に対する過干渉と上司に対する遠慮といった非効率を生む場合が少なくない。

前述したような企業を取り巻く現在の環境に照らせば、このような職場風土は好ましいといえない。さらに世界の潮流として、第三次産業を中心に雇用労働と独立自営との境界があいまいになり、その中間的な働き方が広がりつつある。だからこそ、わが国のように社員とフリーランスの違いが大きすぎるのは不自然であり、組織のなかでは個人の分化を進めることが必要だといえよう。

†セクショナリズムは分けたら防げる

ただ、「分化するとコミュニケーションが悪くなる」「チームワークが損なわれる」という不安はとても根強い。

ところが、実際にはむしろ未分化な組織がコミュニケーションやチームワークを妨げている場合が少なくない。そのため分化したほうが、かえってコミュニケーションやチームワークもよくなるという意外な現象がしばしば起きる。この逆説的な現象がなぜ起きるか、二つの理論（法則・命題）を用いながら説明しよう。

よく知られているように、日本の社会は「内」と「外」を隔てる壁が厚い。会社の内側、所属する部署の内側、そして一つの部署のなかでも仲のよい集団の内側ではとても人間関係が濃い反面、外側との人間関係は薄い。つまり人間関係の濃淡が激しいのである。なぜこのような濃淡が生じるかというと、組織や集団の内側が未分化だからである。

社会学者の高田保馬（たかたやすま）（一九二二）が唱えた「結合定量の法則」によれば、人間にとって社会的結合の総量はほぼ一定である。そのため特定の組織や集団への結合が強いと、必然的に別の組織や集団への結合は弱くなる。したがって組織や集団の内側が未分化で人間関係が濃密になれば、それだけ外側とはコミュニケーションも連帯もとりづらくなるわけである。

組織・集団単位での分化と、個人単位での分化が混同されることもしばしば不可解な逆説の一因になる。たとえば、分化するとセクショナリズムに陥るというとらえ方がある。しかし、すでにおわかりのとおり自分の部署のことだけしか考えないセクショナリズムは、むしろ個人が未分化だから生じる。日本の組織がしばしば「ムラ社会」と皮肉られるのもそのためである。このことは派閥どうしの抗争などをみればよくわかるだろう。

では、壁の外側はともかく内側の人間関係はみんな仲良しで幸せかというと、あんがいそうでもなさそうだ。意識調査でわかったのは、外からみると仲が良さそうな「仲良しグループ」も、一人ひとりはかなり窮屈な思いをしているということである。たとえば「お昼の食事も、退社するのも一緒でなければならないので煩わしい」とか、「自分だけがんばっていると嫌みをいわれる」といった声がアンケートの調査票に記されている。外からみえないところで陰湿ないじめが起きていることを告発する人もいる。

そして仲間どうしは互いに心を開いてコミュニケーションをとっているかというと、これまたそうでもない。たとえば上司と部下は普段から顔を合わせて仕事をし、日常会話を交わしているにもかかわらず、部下の希望や不満など胸の内が上司に伝わっていないケースが驚くほど多いのである。「目の前の部下がいきなり辞表を持ってきて面食らった」という類いの話は、誇張ではなく実際に珍しくないようだ。

部下の側に聞き取りをしてみると、日常的に接しているとかえって本音の話がしにくいとか、相手の機嫌を損ねたくないといった声がしばしば返ってくる。互いに相手の考えていることが読めるだけに、いっそうデリケートになるのだろう。

†分けるとつながる

哲学者のA・ショーペンハウアーが用いた「やまあらしのジレンマ」という有名なたとえ話がある。

「やまあらしの一群が、冷たい冬のある日、おたがいの体温で凍えることをふせぐために、ぴったりくっつきあった。だが、まもなくおたがいに刺の痛いのが感じられて、また分かれた。温まる必要からまた寄りそうと、第二の禍がくりかえされるのだった」（ショーペンハウアー 一九七三、三〇六頁）。

やまあらしと同じように人間も、近づきすぎると互いに相手を心理的・社会的に傷つけてしまう。それを恐れて互いにガードするようになり、かえって大事なコミュニケーションがとれなくなるのだ。

また、閉ざされた組織のなかで上司と部下、先輩と後輩の関係が近すぎると、そこに人格的な上下関係が生まれ、パワハラ（パワーハラスメント）、セクハラ（セクシャルハラスメント）、いじめなどの温床になる場合もある。

組織や集団の内と外とで人間関係の濃淡に極端な差があり、人間関係がまだら模様になっていることはけっして好ましい状態ではないのである。

したがって、組織や集団の外とのコミュニケーションを活発にし、連帯を強めるためにも、また内側のコミュニケーションをよくするためにも、内側の組織・集団から個人を「分化」して人間関係を平準化したほうがよいということになる。それを裏づけるかのように新型コロナウィルス対策でテレワークに切り替わってから、社員どうしの交流が以前より盛んになったという声も聞かれる。

分化することには、もっと積極的な意味もある。

個人が未分化な場合、他人を助けても直接相手の利益につながらないので感謝されない。「みんなの仕事だから手の空いた人が手伝うのは当たり前でしょ」という話になる。それに対し、分化されていたら助けると相手から感謝され、いつか恩返ししてもらえるかもしれない。助けた側は、少なくとも感謝や恩義といった無形の報酬を受け取る。つまり、そこに一種の交換関係が成り立つので、互いに相手を助けようという動機が生まれるわけである。タクシーの運転手が客を譲り合ったり、自営業者どうしが互いに相手の仕事を手伝ったりする姿をみれば、それがよく理解できるだろう。

さらに、それぞれの仕事が専門分化していけば、互いに協力し合うことで自分の能力をよりいっそう発揮できる場合が増えてくる。自発的で強固な連帯がそこから生まれる。

自営業や自由業で活躍する人たちの日常生活をみていても、彼らは頻繁に交流会を開くなどして積極的にネットワークを築いている。そこから共同事業が生まれるケースも多い。

要するに、「分ける」ことによってほんとうのつながりが生まれるといってよい。先に述べたとおり、ITの進化によって技術的には分化しながら協働できる条件が整ってきた。それどころか、実は分化したほうがむしろつながりやすく、高度なチームワークが行える。「分ける」のと「つながる」のとは、ある意味で表裏一体なのである。

†ほんとうに格差が広がるのか

チームワークと並ぶ、もう一つの心配の種は格差の拡大だ。仕事を個人ごとに「分ける」と仕事ができる人はよいが、そうでない人はますます取り残されるのではないか。弱肉強食が進み、社員間の格差が広がることを心配する人は多い。

はたして、そうだろうか?

東京に本社を置く、機械部品メーカーK社で以前、つぎのような話を聞いた。個人の裁量による働き方を取り入れようとしていたK社は、その一環として数人で一緒に行っていた部品の製造を一人で丸ごと責任をもつ方式に切り替えた。切り替えに際して「個人の格差がますます広がりかねない」と心配する向きもあったという。それでも、問題が起きたらそのときに対策を考えればよいと割り切って新方式をスタートさせた。

すると予想外のことが起きた。それまで意欲も能力も不足しているとみられていた人たちが一人前に仕事をこなし、成果をあげるようになったのだ。結果的に仕事ができる人と、そうでない人との格差はほとんどなくなったという。しかも困ったときは自然と助け合う空気が生まれ、全員がしっかり仕事を成し遂げるようになったそうだ。

彼らの仕事ぶりや職場の人間関係をつぶさに観察していた管理職の話から、意外な理由が明らかになった。

数人で一緒に仕事をする場合、自然と大事な仕事は比較的能力の優れている人が担うようになる。逆に能力の劣る人は、周辺の雑務や簡単な仕事しかやらせてもらえない。効率性を考えたら、どうしてもそうなるのだ。そして大事な仕事を担う人は経験と実績を積み重ね、有能感や自己肯定感、平たくいうと自分の能力に対する自信を強めていく。逆に大事な仕事をさせてもらえない人はだんだんと自信を失い、劣等感を抱くようになる。

このようにして、能力が高い人と低い人との差がますます開いていき、両者の間に一種の主従関係が生まれる場合もある。周囲の人もまた、「できる人」だけが会社を支えているとみるようになる。

能力が相対的に劣る人は、能力が優れた人に助けられているようにみえながら、見方を変えれば逆に彼らの犠牲になっていたということもできる。もちろん多くの場合、悪意ではなく善意が招いたものだが。

それに対し一人で仕事を丸ごと受けもつと、能力が相対的に劣る人も自分のペース、自分なりのやり方で仕事をこなすようになる。それを続けて経験値が上がれば、能力が優れた人とそれほど差がつかなくなるのである。

†分けると「弱者」が救われる

これは、たまたま発生した特殊な現象ではないはずだ。

ちなみに動物の世界では当たり前の現象だといってよい。文化人類学者のE・T・ホール(一九七〇)が紹介しているカナリアの例だと、大きなカゴのなかで群れとして飼われていると順位関係ができて下位の鳥は巣作りができないが、小さいカゴを与えてやるとつがいがそのなかで巣をつくり、ヒナを育てることができた。動物園でも仮にオリがなければ、大半の動物が肉食獣の餌食になるに違いない。

ただし社会的動物である人間の場合、物理的な「分化」より制度的な分化のほうが大きな意味をもつ場合が多いことは心にとどめておきたい。

いずれにしても「分ける」ことは優勝劣敗、弱肉強食を肯定するというより、むしろ「弱者」に優しい方法だといえるかもしれない。たとえば介護や育児の負担を抱えている人、闘病中の人なども、役割や分担を明確にしてそれぞれが自分なりのペースで仕事ができるようにすることができる。

もちろん、すべてが先のケースのようにうまくいくとはかぎらない。独力では仕事を成し遂げられない人もでてくるだろう。しかし、仕事に必要な能力が不足していることや仕事量の偏り、あるいはそもそも分化が困難な仕事であることなど、いったん「分ける」ことによってはじめて問題点が明らかになる。そこから改善したり、必要に応じてサポートを行ったりすればよい。集団のベールに包まれたままでは、いつまでも問題は解決されないのだ。

第一章

仕事を分ける

1 「分ける」と解消される職場の悩み

†根底に潜む三つの宿痾（しゅくあ）

「分化」のなかでも、いちばん基本になるのは仕事の分化、すなわち一人ひとりに仕事を分けることである。それは働く人にとっても、企業にとっても、直面する大きな問題を解決する有効な手段になる。

本節では働く人の視点から、次節ではマネジメントの視点から、仕事を分けることがどのように問題解決につながるかを説明する。そして、続く第三節では仕事を分ける切り口について、第四節ではどこから分化に着手すればよいかを述べることにしよう。

日本人の働き方、わが国の職場について、早急な改革が求められている問題にはつぎのようなものがある。

・正社員を中心にした長時間労働の是正と、ワークライフバランスの実現
・男女間などに存在する不合理な格差の解消と、女性活躍の推進
・パワハラ、セクハラ、いじめなどがない職場環境づくり
・続発する企業不祥事の撲滅

これらは一見すると別々の無関係な問題のようだが、実は共通する原因に根ざしている。その原因とは、わが国特有の個人が未分化な組織構造である。個人が未分化な組織では、周囲との相互依存関係が必要以上に強くなる。また理不尽な不公平が生じやすく、しかもそれがどこまでもついて回る。そして部下が上司に対し、仕事上の役割の範囲を超えて従属する関係ができる。

要するに未分化な組織で生じる「相互依存」「不公平」「従属」は、働く人にとって宿痾(どこまでもつきまとう病)とでもいうべきものであり、それを取り除くには仕事を分けるしかないわけである。

では、未分化な組織で生じる過剰な相互依存関係、不公平、上司への従属関係は、働く人たちを取り巻く問題とどのように関わっているのだろうか。どうすればそれを解決できるだろうか。

†依然、大きい欧米との労働時間格差

まず、「未分化」に起因する周囲との過剰な「相互依存」関係がもたらす弊害についてみていきたい。

この数年、わが国の最重要課題ともいえるほど政策の前面に掲げられてきた「働き方改革」。背景には労働力人口の減少や女性の社会進出など社会の構造的な変化がある。しかし、取り組みの直接的な契機となったのは電通社員の過労自殺に象徴される「働き過ぎ」の問題だ。

「働き過ぎ」と聞くと、もうすでに過去の話という人もいる。たしかに単純な数字だけを比較すると、わが国では近年、労働時間短縮が進んでアメリカなどと肩を並べたかのようにみえる。しかし、しばしば発表される数字にはパートタイム、アルバイトなど「非正規従業員」が含まれていることに注意しなければならない。いうまでもなく「非正規従業員」の労働時間は短いのが普通であり、しかもわが国ではその非正規従業員が四割近くを占めている。

そこで一般労働者（いわゆる正規従業員、正社員）についてみると、二〇一八年度の年間

総労働時間は二〇一〇時間（厚生労働省「毎月勤労統計調査」）となり、主要国のなかでは突出して長い状態が続いている。時間外労働の上限が二〇一九年（中小企業は二〇二〇年）から規制されるようになっても、いまのところ顕著な短縮効果はあらわれていないようだ。

また年次有給休暇の取得率をみても、二〇一八年度は五二・四％（厚生労働省「就労条件総合調査」）とほぼ半分にとどまっており、とくに一〇〇％近く取得するヨーロッパの国々とは差が著しい。

こうしたわが国と欧米等との大きな格差は、労働法による規制の強さや企業と労働組合との力関係などの違いによるところも大きいが、原因はそれだけでない。

長時間労働のなかで大きなウエイトを占める残業の多さ、休暇取得率の低さについて原因を追究すると、根底には個人の「未分化」すなわち一人ひとりの仕事が組織や集団から分けられていないことがある。したがって一人ひとりの仕事を「分け」れば、労働時間の短縮は目にみえて進むはずだ。

私がそう確信したのは、いまから二〇年ほど前に台湾の企業を訪ねて回ったときである。まだわが国では女性管理職が珍しかったその当時、台湾ではどこの会社でも女性が管理職として男性と対等に働いている姿に直面し、私は目を見張った。大企業の枢要なポストにも、四〇歳前後の女性が普通に就いている。そこで彼女たちに、「女性であることにハンディはないか」と聞いてみた。すると彼女たちは異口同音に「ない」といいきった。

その根拠を探っていくと、日本と違って残業がないことが最大の理由だということがわかった。では、なぜ残業なしでやっていけるのか?

彼女たちの話に耳を傾けているうちに、個人の仕事の分担がはっきりしているところに根本的な理由があり、そこがわが国との決定的な違いだと気がついた。

†分けると残業が減る、四つの理由

仕事の分担が決められていると残業が減る。その理由は四つある。

第一の理由は、会議が少なくてすむことだ。

わが国で長時間残業の一因として、しばしば指摘されるものに会議がある。まず会議の数が多い。社内にはいろいろな名称の会議が存在し、開催される頻度も高い。また少しでも関係がありそうな部署の人は参集されるので、会議に多くの時間をとられる。意思決定も全会一致を旨とするため、合意が得られるまでダラダラと長時間にわたって続けられ、

結局なにも決まらなかったというようなことが珍しくない。

かりに個人の分担と責任が明確にされていたら、会議の頻度も参加者も少なくてすむ。実際、職務主義が取り入れられている欧米などでは、経営幹部以外は立ち話や喫茶コーナーでちょっと話せば大半の用件はかたづくという。たとえ会議が必要な場合でも、あらかじめメールか社内のサイトで原案を周知し、発言したい人だけ出席すればよい。

「分ける」と残業が減る第二の理由は、仕事の計画が立てやすいことである。分担が明確になっていないと仕事は他人のペースに依存する。したがって仕事を効率的にかたづけようという意欲がわかない。それに対し自分の分担が決められていると、「この仕事を四時半までに処理し、それから後かたづけをしたら五時までに終えられる」というように先の見通しがたつ。

それは生産現場にも当てはまる。後に紹介する武州工業株式会社では「一人親方」のような制度を取り入れたところ、一人ひとりが仕事を自分でコントロールできるようになり、仕事のプロセスも大幅に効率化された。結果として労働時間が短縮され、社員は定時に帰るようになったという。なお同社の取り組みは社会的に評価され、二〇一七年度には「日本でいちばん大切にしたい会社大賞」の審査委員会特別賞を受賞している。

†「管理職に就きたくない」理由を取り去る

第三に、分けたら周りに迷惑をかけなくなるので帰りやすいことがあげられる。

労働政策研究・研修機構が二〇〇五年に行った「働き方の現状と意識に関するアンケート調査」では、所定労働時間を超えて働く理由について聞いている。それをみると、一〇・三%の人が「上司や仲間が残業しているので、先に帰りづらいから」をあげている(三つ以内の複数回答)。数字そのものはそれほど高くないが、回答が「三つ以内」に制限されているので帰りにくいと実感していても、そう回答していない可能性がある。

実際に別の調査では「帰りにくさ」をうったえる人はもっと多い。たとえばパーソル総合研究所と中原淳が二〇一七、二〇一八年に正社員六〇〇〇人を対象に行った「長時間労働に関する実態調査」によると、組織特性のなかで最も残業時間を増やしていた要因のトップは「周りの人が働いていると帰りにくい雰囲気」だった。

さらに管理職の場合、第四のもう一つ別の理由が加わる。

わが国では昨今、管理職に昇進したくない人が増えて問題になっている。パーソル総合研究所が二〇一九年に行った「APAC就業実態・成長意識調査」によると、「あなたは、現在の会社で管理職になりたいと感じますか」という質問に対して「そう思う」「ややそう思う」と答えた人の合計は二一・四%で一四の国・地域のうち最下位。しかも極端に低い。

管理職に就きたくない理由について聞いた調査もあるが、それをみると負担が重くなることをあげる人が多い。しかもわが国の場合、管理職と非管理職の給与差は比較的小さいので、管理職になっても負担が重くなるだけで「割に合わない」と思う人が多いのだろう。

管理職になっても給与はさほど上がらないのに負担ばかり増えるのは、やはり仕事が分化されていないからである。個人の分担があいまいなので、管理職は純粋なマネジメント以外の仕事も抱え込むことになる。したがって部下に権限を委譲し、仕事の分担を明確にすれば管理職の仕事はスリム化され、残業も減らせるはずだ。

以上が仕事を分けたら残業が減る理由であり、仕事を分化して過剰な相互依存関係をなくせば問題が解決されることがわかる。

逆にいうと、仕事を分けずに残業を減らそうとしても難しい。それを裏づけるデータがある。先述の「長時間労働に関する実態調査」の結果をみると、ノー残業デー、残業時間の上限設定、残業の原則禁止/事前承認などの残業施策を行っている企業のほうが、行っていない企業より仕事の持ち帰り、休日に仕事をすること、休憩時間にも仕事をすることのいずれにおいても増加率が高かった。仕事を分けずに制度だけ取り入れても、かえって逆効果になりかねないということを物語っている。

†分担を明確にするとストレスが減る

長時間労働はワークライフバランスを阻害するだけではない。容易に想像できるとおり、労働時間の長さはストレスとも関わってくる。

ある研究では「周りの人が残っていると退社しにくい雰囲気があったりする職場ほど、労働者のメンタルヘルスが悪くなる傾向」がみられる（山本勲・黒田祥子 二〇一四、二九四頁）。私が行ったアンケートでも、毎日終業時刻が近づくといつ「お先に失礼します」と口にだすかで頭がいっぱいになり、胃がキリキリ痛むという女性がいた。

周囲への気遣いが妨げになるのは、休暇の取得についても同じである。労働政策研究・研修機構の「年次有給休暇の取得に関する調査」（二〇一〇年）によると、有給休暇を残す理由（複数回答）として上位にあがっているのが「休むと職場の他の人に迷惑をかけるから」（六〇・二％）、「職場の周囲の人が取らないので年休を取りにくいから」（四二・二％）、

「上司がいい顔をしないから」（三三・三％）などである。

こうした気遣いを職場の風土の問題、あるいは上司や同僚との人間関係の問題として片づけることはできない。なぜなら未分化な職場、すなわち集団で仕事をする場合、だれかが早く帰ったり休んだりすると、必ず周囲にしわ寄せがいく。だから帰りにくいし、休みにくいのは当然である。迷惑をかけていることがわかっているので、周囲が気を遣ってくれたらかえって申し訳なく感じるという人もいる。

「帰りにくい」「休みにくい」というのは業務上の必要性とはレベルの違う問題であり、冷静に考えたらきわめて不合理な原因だ。個人個人に仕事を「分ける」ことによって、不合理な心理的負担は大きく解消されるはずである。

それを裏づける研究もある。労働政策研究・研修機構が二〇〇四年に行った調査の分析によれば、「仕事の分担・役割が不明確になった」従業員はストレスが有意に強くなったいっぽう、「仕事の分担・役割が明確になった」職場ではストレスが緩和されている（安田宏樹 二〇〇八）。

やはり、仕事を個人別に「分ける」ことによって過剰な相互依存関係をなくせば、ストレスを減らせるわけである。

†高プロを「残業代ゼロ制度」にしないため

ところで「働き方改革」は労働時間の長さや休暇の取得日数など、主に「量」の面に注目し、それを改善しようとしているが、労働者の立場からすると「質」の面、すなわちどれだけ時間の融通が利くか、時間に縛られない働き方ができるかも重要だ。

その点からは、代表的な制度としてフレックスタイム制や裁量労働制があげられる。フレックスタイム制は一定の清算期間内に一週または一日の労働時間を増減できる制度であり、裁量労働制は実際の労働時間と無関係に一定の時間働いたとみなす制度である。ともに労働基準法の改正によって一九八八年から導入が認められたが、それほど普及していないのが実態である。導入した一部大企業のなかからも、業務の不都合などを理由に近年廃止するところがあいついだ。

また第二次安倍内閣が「働き方改革」の一環として二〇一八年に法案提出した裁量労働制の範囲拡大は、野党や労働界などから「残業代ゼロ制度」と批判を浴びて法案から削除された。激しい議論を経て二〇一九年から導入が決まった高度プロフェッショナル制度も、厚生労働省によると導入後半年たった同年九月末現在、導入企業はわずか六社にとどまっているという。ここにもわが国特有の事情が隠れている。

高度プロフェッショナル制度に類似した制度として、欧米には「エグゼンプト」という制度がある。給与額その他、一定の条件に当てはまる管理職や専門職を対象にした制度であり、アメリカなどではかなり普及している。

欧米で活用されている制度が、なぜわが国では導入が進まず、これほど反対の声が強いのか?

あまり議論の俎上には載らないが、実はそれも個人の仕事の役割、分担が明確になっているか否かによるところが大きい。欧米のように職務の価値を明確に評価したうえで適正な報酬を決めて契約する場合、早く仕事を片づければいくらでも早く帰れる。ところがわが国では、そのように明確な職務主義を取り入れていない。そのため長時間働かなければこなせないような仕事を与えられる可能性があるし、がんばって短時間で仕事を処理したら追加の仕事を押しつけられるかもしれない。「残業代ゼロ制度」というのがあながち誇張や皮肉だとはいいきれないのである。

分担の明確さは、多様な働き方ができるかどうかとも深く関わっている。

†ダイバーシティ推進の大前提

近年、ダイバーシティ（ダイバーシティ&インクルージョンともいう）の推進が盛んに叫ばれるようになった。多様な人種、宗教、性別など属性の異なる人が一緒に働ける職場をつくるとともに、それを企業の活力につなげようという考え方だ。実際に人材の多様化が生産性を高めるというデータも存在する（内閣府『経済財政白書』二〇一九年）。

ところがわが国では、まだダイバーシティの推進に受け身の企業が大半で、せいぜい男女同数採用しているとか、女性の管理職比率が二〇%に達したというような企業が注目される程度である。

多様な人材を活用するうえでも、組織の未分化による過剰な相互依存関係が壁になっている。人種、宗教、性別などが異なれば、生活習慣や価値観も違う。したがって一人ひとりに合わせた働き方が必要になる。しかし、何でもみんなで一緒に行う職場ではそれができない。なお、この点については後にまた触れることにしよう。

分化が迫られる理由はそれだけではない。

価値の源泉がハードウェアからソフトウェアへと移るにつれて、貢献度の格差が大きくなっている。ハードの世界、たとえばモノをつくったり組み立てたりする作業では、仕事ができる人とできない人との差はせいぜい数倍程度だ。ところが研究開発、デザイン、商品企画、資産運用のようなソフトの仕事になると、極端な話をすれば、一方には数億円の価値をもたらす人がいるかと思うと、他方には一生懸命働いてもほとんど会社に貢献できない人もいる。貢献度に無限大といえるほど差が生じるのがソフトの世界である。

当然、一人ひとりの市場価値にも大きな差ができる。そうなると有能な人材を引き留めるには、一人ひとりの市場価値に見合った待遇を与えるしかない。それには従来の年齢や勤続を基本にした人事管理から、個別管理への移行が不可欠になる。

同じことは社員の採用についてもいえる。とくに能力の価値が経験や知識から創造性や感性といった「ポスト工業社会型」のものにシフトするにつれ、一人ひとりの能力を予測して採用することが難しくなっている。いくらAIの力を借りても、その限界を突破することは難しい。つまるところ、「やらせてみなければわからない」のである。したがって採用する側にとっては、外れるリスクが大きい。そのリスクを小さくするには能力・実績を確認しながら処遇に差をつける必要があり、自ずと個別採用、個別管理の方向へ向かうことになる。

さらに政府が推進しようとしている副業の解禁もまた、普及の条件として個別管理が必要になる。企業にとっては一人ひとりの社員が自分の役割を果たしているか、仕事の成果をあげているか否かをチェックできれば、何時間働いているか、どれだけ仕事に専念しているかを問う必要がないからである。

そして個別管理への移行は、つぎに述べる公平性の問題ともつながっている。

†同じ「プロセスの評価」も中身が違う

主として人権上の見地から解決を迫られているのが、男女間などに存在する非合理な格差の解消、ならびに女性活躍の推進である。いずれも問題の核心は「不公平」にあり、不公平をもたらす未分化な組織にメスを入れることが必要になる。

組織のなかにおける不公平は多くの場合、人事評価という制度をとおして発生する。そこでまず、不公平な評価がどのように生じるかを考えてみよう。

働く人を対象にした各種の意識調査をみると、多くの人が人事評価に不満を抱いていることがわかる。とりわけ評価が不公平であることをうったえる声が多い。

人事評価への不満は、大まかにいうと世紀をまたぐ二〇〇〇年前後に目立つようになった。考えられる理由の一つは、評価が細かくなったことである。企業によって人事考課表の評価項目が数十に及ぶケースも珍しくない。また評価尺度もS・A・B・C・Dという五段階が定番だが、なかには七段階や一〇段階の例もある。

たしかに欧米企業のように個人の分担が明確になっていたら、細かいランクづけができるかもしれない。しかしわが国のように分担が明確でないところで「能力」や「成果」を細かく評価しようとすると、どうしても不正確になる。

そしてもう一つの理由は、いわゆる成果主義の導入である。仕事の分担が不明確なうえに達成すべき目標の価値や困難度にもバラツキがあるなかで、「成果」を客観的に評価するのは難しい。そのため評価には評価者の主観が入りやすく、公平性を保ちにくい。にもかかわらず、わが国では一般社員まで「成果」によって給与や賞与などの処遇に差をつけられるようになったため、社員の間に不満や不公平感が広がったと考えられる。

そこで企業は、やむなく成果主義の見直しを行うことになる。「成果につながらなくても大切な仕事がある」「成果は運にも左右される」といった声を受けて、成果だけでなくプロセスもみようという気運が一気に高まった。

それでは、プロセスを重視する評価はわが国特有のものなのか？　そのことを明らかにするため私は欧米の主要企業数社を訪ね、人事担当者に聞いてみた。すると欧米企業でもプロセスを重視した評価を行っていることがわかった。

ところが詳しく聞いてみると、同じ「プロセス」でも着目点が違うのである。欧米企業では製品開発がどの段階まで進捗しているか、顧客との交渉がどの程度まとまりかけているか、といった「成果につながるプロセス」を主に評価している。

それに対し日本企業では、どれだけその仕事に力を入れて取り組んでいるかというように、成果との結びつきが弱いところでプロセスを評価している例が多い。なかにはどれだけ遅くまで仕事をしているかといった「がんばり」でプロセスを評価している管理職もいる。

私はその人に求められている仕事の成果や果たすべき役割に近いところを「川下」、そこから離れたところを「川上」と呼んでいるが、欧米企業では川下、日本企業では川上で評価する傾向がある。川上、すなわち仕事に対する態度や行動で評価すると、どうしても不満や不公平感が生じやすい。基準が不明確なうえ、それ自体に価値が乏しいからだ。にもかかわらず川上で評価しなければならないのは、個人の分担が不明確な以上、「川下」

で評価できないからである。

もっとも、かつては「川上」の評価もそれほど的外れではなかった。モノづくりの現場や単純な事務作業などにおいては、インプットとアウトプットの結びつきが比較的強い。したがって一人ひとりの貢献度は、態度や行動でおおよそ推測できたのである。しかしIT化、デジタル化が進んで人間には創造性や判断力のような知的能力が重視されるようになった現在、態度や行動といった「川上」で貢献度を推し量ることが困難になっている。「川上」で評価することの合理性が薄れてきているわけである。

†男女格差、「ガラスの天井」の正体

では、ここまで述べたことを踏まえながら、性別をはじめ、属性による不合理な格差や差別がなぜ生じるかを考えてみよう。

前述したとおり、仕事が一人ひとり分けられていないと、評価は必ずあいまいになる。分担が明確でなければ一人ひとりのアウトプット（成果や貢献度）を捕捉できない。そのため時間やがんばりのようなインプットで評価せざるをえず、そこに主観や裁量が入る。

つまり分担があいまいな以上、評価があいまいになることは避けられないのである。あ

いまいなだけならまだよい。あいまいなところへ感情や恣意が入り込むと、問題はいっそう深刻になる。

昇進や処遇をめぐる男女の格差も、そこに根本的な原因があることを見逃してはいけない。

世界経済フォーラムが発表した二〇一九年の「ジェンダー・ギャップ指数」によると、わが国は一五三カ国中、一二一位と過去最低になった。政治や教育の分野だけでなく、企業においても女性の管理職比率は依然低い水準にとどまっている。まさに男女平等後進国である。

その一因として指摘されているのが「ガラスの天井」、すなわち昇進を妨げるみえない障害である。仕事に対するインプット、たとえば意欲や態度などで評価する以上、どうしても家事や育児などの負担が大きく仕事に対して一〇〇%コミット（献身）できない女性は、男性に比べてハンディがある。また女性に対する差別や偏見などが入る余地もある。不条理な差別や偏見でも、意欲や態度、あるいは人間性といった主観的で抽象的な理由を持ちだすことで隠蔽されてしまうからだ。

それに対し仕事の分担が明確なら、仕事の成果や実力は客観的に明らかになる。したがって差別や偏見が評価に入り込む余地は小さいし、かりに不当な差別がなされたら証拠を突き付けて抗議すればよい。

このように女性がハンディなく働き、ほんとうの男女平等を実現するうえで仕事の分化こそ最もオーソドックスな方法である。もちろんそれは女性にかぎった話ではない。「分ける」というと直感的に差別を連想するが、それは集団や属性で分けるからである。集団や属性で分けると、たまたま個人がどこに属しているかで有利・不利がきまる。そこでは個々人の実力や成果に目を向けられることがない。

したがって、先にも述べたとおり「分ける」のはあくまでも個人単位でなければいけない。あらゆる不当な差別や偏見を排除するうえで最も効果的なのは、一人ひとりの仕事を「分ける」ことだといっても過言ではないのである。

†コース別人事の不合理

さらにいえば、形式的には正当であっても実質的な合理性を欠いた格差も、「分ける」ことで解消される場合がある。

大企業のなかには社員一人ひとりが理想とする将来像に近づけるよう、キャリアに関してモデルとなるいくつかのコースを示して選択させているところがある。たとえば、A「社長まで目指せるコース」、B「部長クラスまで目指せるコース」、C「課長まで達するコース」というように。

Aを選択するなら国内外の転勤はもとより、長時間残業などハードな働き方が要求される。逆にBやCを選択すれば、出世に限界がある代わりに転勤や残業などの負担は小さい。趣旨としては多くの会社が取り入れている「総合職」「一般職」の区別と変わりないが、より多くの選択肢を与えているところがミソである。

これは一見すると、個人に選択の機会を与える理想的な制度のようだ。しかし、実は大きな問題がある。なぜなら「仕事を取るか、生活を取るか」というトレードオフの発想が根底にあり、それに基づいた制度だからである。

たしかに社内での経験・知識や人間関係が重要だったかつての時代には、このような考え方に相当の合理性があった。しかし、これまで述べてきたように必要な能力の内容が大きく変化した今日、社内での経験・知識や人間関係はそれほど重要ではなくなっている。それればかりか、このような固定観念が変革の足かせになっている場合もある。

現在、そしてこれからますます重要になる創造性や感性、判断力といった「ポスト工業社会型能力」は、発揮させる仕組みも育成のプロセスもパターン化できない。極論すれば百人百様である。海外勤務の経験はないがグローバルな視点で仕事ができる人や、ハードな仕事をこなした経験はないが、重要なポストに就けたら能力を発揮できるといった人は珍しくない。ところがコース分けのような制度の枠をつくり、他の社員とのバランスも考えたら、BコースやCコースを選んだ人に社長を目指させるわけにはいかない。

要するにコースをつくったばかりに、有能で私生活も大切にする「スマート」な人材を入り口のところで排除してしまうのである。まさに自縄自縛、本末転倒だ。当然ながら、それは総合職・一般職のコース別人事にもいえることである。何度もいうが、ソフトの時代、ポスト工業社会にトレードオフの発想は合わない。

†「統計的差別」の動機を消し去る

さらに、この問題は前述した男女格差などにも通じる。先に「あいまいな評価」が差別や偏見を隠蔽する恐れがあることを指摘したが、その差別の動機となる部分である。

周知のようにコース別人事は「男女雇用機会均等法」の施行とほぼ時を同じくして普及した。性別による差別が禁止されたので、「本人の選択」というプロセスを取り入れざるをえなくなったのだ。予想どおり家事や育児の負担を抱え、また結婚・出産を機に退職するケースが多い女性はたいていが一般職を選択する。それによって、少なくとも形のうえでは合法的に男女の格差を設けることができたのである。

そもそも、それほどまでして差をつけなければならない理由は何か？

背後にあるのは、いわゆる「統計的差別の論理」である。女性は男性に比べて結婚・出産を機に仕事を辞める確率が高い。また家事や育児の負担から、仕事に専念できない可能性が高い。このような統計的根拠があるので、育成や処遇に男女で差をつけるのは合理的である。また同じような考え方をすると、幅広い経験をし、修羅場をくぐった人間のほうが幹部として活躍できる可能性が高い。あるいは私生活を重視する人より、仕事第一の人のほうが大きな成果をあげる見込みが大きい。だからコース別人事は合理的である――。かいつまんでいえば、このような理屈だてが「統計的差別の論理」である。

しかしたとえ統計的な裏付けがあるからといっても、性別など先天的な属性による差別が人権上、許されないことはいうまでもない。にもかかわらず手を変え、品を変えて選別したり差をつけたりしようとするのは、人間を「マス」（かたまり）として扱うからである。「マス」として扱う以上、統計的根拠を背景にした差別の動機はどこまでもつきまとう。未分化に「不公平」はつきものだといってよい。

逆にいえば、マスではなく個人として扱えば差別する動機そのものが消滅する。男性だろうと女性だろうと、あるいは社内でどんな経験をしていようと、一人ひとりの発揮した能力や成果に基づいて処遇すればよいからだ。それが分化によって可能になるのである。

なお統計的差別をなくすための分化には、第三章で述べるように別の切り口もある。

†ハラスメント防止の切り札に

仕事が分化されていないと、評価があいまいで主観的になるのは避けられない。そこに私情が入ったり、私益を追求したりする余地が生まれる。人間は感情や誘惑に負けやすいからだ。それが、しばしばより直接的で重大な人権侵害や事件を引き起こす。また仕事の未分化そのものが、人権侵害や事件の温床になる場合がある。未分化な組織に付随する「不公平」が、「従属」関係へとつながっていくのである。

とくにわが国では「長幼の序」文化の名残もあって、上司と部下との間には「偉さ」の序列ともいうべき人格的な上下関係ができやすい。それがいっそう問題発生のリスクを高める。

ハラスメントやいじめは、その象徴ともいえる。

パワーハラスメントの防止に関する法律（いわゆる「パワハラ防止法」）が二〇二〇年六月に施行されるなど、各種のハラスメントが大きな社会問題になっている。そのハラスメントの一因が未分化な職場にあることを示唆する研究がある。

マタニティハラスメント（いわゆる「マタハラ」）とは、職場における妊婦への言葉や態度などによる嫌がらせを意味する。労働経済学者の川口章が二〇一六年、在職中に妊娠した経験のある女性三〇〇〇人を対象に調査したところ、正社員の二二・八％、非正社員の一四・三％がマタハラの被害に遭っていることがわかった。そして職務が不明確なほどマタハラの被害に遭いやすいこと、言い替えれば職務が明確に決められているほど、マタハラの被害に遭いにくいことが明らかになっている（Kawaguchi, 2019）。

いっぽうパワハラについてみると、厚生労働省が二〇一六年に行った「職場のパワーハラスメントに関する実態調査」によれば、三二・五％の人が過去三年間にパワハラを受けたと答えており、何度も繰り返し、もしくはときどき経験したという人が、回答者の四分の一にあたる二五・六％にのぼる。そして労働経済学者の玄田有史らが二〇一九年に行った調査では、自分の仕事の中身や範囲が決まっている人は決まっていない人に比べてパワハラの被害が少ない（玄田二〇一九）。

前述したように職務の範囲が不明確だと一人ひとりのアウトプットを評価できないため、自ずと「川上」すなわち態度や意欲のようなインプットを管理することになる。それは過剰な管理につながりやすく、対象があいまいなだけに上司の影響力は際限なく広がる。それが、ときには私的な人間関係など仕事以外にも及ぶ。しかも、評価基準もあいまいなので、部下にとっては何が評価に響くかわからない。にもかかわらず意欲や態度の評価は、客観的な基準がないだけに理不尽な評価が行われても反論することが難しい。

そのうえ部下は、権限が与えられていないので仕事をするうえで上司に依存しなければならない。それがいっそうハラスメントを受けるリスクを高める。

それに対し職務の範囲が明確であれば、上司といえども部下の仕事の進め方に深く干渉することはできないし、客観的な成果もしくは発揮された実力で評価されることになる。そのため上司が職務に必要な範囲を超えて部下に影響力を及ぼす余地がなくなるわけである。

†組織不祥事の抑制にもつながる

同じことは組織不祥事にもいえる。

仕事の範囲も評価基準もがあいまいなため部下が上司に依存する職場では、上司がそれを逆手にとり、自分の都合のいいように部下を動かそうとするかもしれない。たとえ直接命じなくても、依存関係にある部下は上司の意向や立場を「忖度（そんたく）」して行動する。

そこへもってきて日本の組織では集団的な意思決定が行われるので、だれがいつ決定したかが明確でない。そのため不祥事が発覚しても責任の所在を明らかにすることが難しい。経営幹部は「その場の空気で決まった」、上司は「部下が勝手にやったことだ」と言い逃れができるし、そもそも権限のない部下は責任も追及されない。

このようにして、いわば「集団無責任体制」ができあがる。個人が表にでないし責任も追及されないので不正行為にブレーキがかからず、組織を隠れ蓑にした私益追求も行われやすい。企業や役所で続発する組織不祥事やモラルハザードには、こうした同じような構図がみられる。

したがって一人ひとりの仕事の範囲が明確になれば、ハラスメントも不祥事も発生のリスクが減るわけである。上司は部下に対して理不尽な要求がしにくくなるし、部下は仕事の範囲外の要求を断りやすい。また評価基準が明確であれば、かりに不当な評価を受けたら抗議や告発をすることもできる。

未分化な組織に特有の「相互依存」「不公平」「従属」が働くうえでのさまざまな問題をもたらしており、分化すれば問題が解決されることをわかってもらえたのではなかろうか。

2「やる気最下位国」からの脱却

†浮揚しない労働生産性、国際競争力

つぎに、視点を働き方からマネジメントのほうに移してみよう。

わが国の国民一人あたりGDP（国内総生産）をOECD三六カ国のなかで比較すると、一九九六年には七位だったがその後に急落し、今世紀に入ってから二〇一八年までは一七～一九位で推移している。時間あたりの労働生産性（二〇一八年）も主要七カ国のなか

で最も低く、アメリカ、フランス、ドイツのほぼ三分の二の水準にとどまっている（いずれも日本生産性本部の調査による）。

また国際競争力も、一九九二年にはトップだったが九〇年代半ばに急落し、二〇一九年には六三カ国中三〇位にまで低下している。とくに注目されるのは、「ビジネス」の項目で凋落が著しいことだ。その具体的な内容をみると、市場の変化に対する企業の順応性やマネジャーの起業家精神、大企業の効率性、労働力の生産性など「人」の働き方と関係のある要因が全体の足を引っぱっている。

労働生産性にしても国際競争力にしても技術や知識・情報、法制度や社会インフラなどのシステム、慣習などさまざまな要素が絡み合っている。しかし、それらの要素でさえ人の働き方と無関係ではない。それどころか表面にあらわれている以上に大きな影響を与えていると考えられる。なぜなら、個人の意欲や能力がシステムや慣習を変える原動力にもなるからである。

すでに述べたように、工業社会では仕事へのインプットとアウトプットの結びつきが強い。そして一人ひとりの貢献度にはそれほど差がつかない。したがって極端にいえば、強制や命令によってでもある程度の成果をあげさせられた。

ところがポスト工業社会で重視される創造性や感性といった能力・資質は、その源泉が人間の頭というブラックボックスのなかにあるため、外から管理することが難しい。したがって本人の自発性に委ねなければならない。しかも発揮される能力・資質によって成果に大きな差が生じるのである。

†分けるとモチベーションが上がる

先に述べたとおり、近年は活力・献身・没頭の三要素からなる「ワーク・エンゲージメント」という指標が注目されるようになっている。

ただエンゲージメントは、約二〇年前に開発された歴史の浅い指標であるため、まだ研究の蓄積が乏しい。また包括的な概念であるゆえ、逆に焦点を絞った話がしにくいという欠点もある。そこで理論的、実証的な研究がたくさん蓄積されていて、なおかつ比較的明確にイメージしやすい「モチベーション」を使って、仕事を「分ける」ことがなぜモチベーションのアップにつながるかを説明したい。

一般にモチベーションは「内発的モチベーション」と「外発的モチベーション」に分けられる。内発的モチベーションは、仕事が楽しいとかワクワクさせるといった、仕事そのものから生じるモチベーションである。いっぽう、外発的モチベーションは金銭や物品など外から与えられる報酬によって引き出されるモチベーションである。

まず、内発的モチベーションについて考えてみよう。

比較的単純な仕事の場合、一人でするより仲間と雑談でもしながら一緒にするほうが楽しい。複雑な仕事や高度な仕事でも、仲間と議論しながら進めると刺激が得られ、つぎつぎとアイデアも生まれるものだ。

しかし各自の分担や役割が決まっていないと、自分で計画が立てられないし、創意工夫をしようと思っても仲間が協力してくれなければ実行できない。すべてが周りの人にかかっているのである。

いっぽう、分担や役割が決まっていると仕事の見通しが立ち、自分のペースで仕事ができる。自分で創意工夫し、それを生かせればいっそう楽しくなり、限界に挑戦することもできる。そして独力で成し遂げれば達成感が得られ、自己効力感や有能感、すなわちやればできるという自信にもつながる。

ただ内発的モチベーションについては、仕事によっては一人でも集団でもそれほど大差がないともいえる。なかには、みんなで仕事をするほうがやる気がでるという人もいるだろう。

それに対し、分化の有無によって大きな差が生じるのは外発的モチベーションである。結論を先にいえば、個人が分化していないわが国の組織は、外発的モチベーションを引きだす仕組みが弱い。そのため、「ある程度」のモチベーションは生じるが、突出したモチベーションは生じにくいのである。やる気に「天井」があるとでも表現できよう。

†努力と実力で獲得できるようになる

では、分化すると外発的モチベーションがなぜ上がるかを説明したい。

外発的モチベーションの仕組みを説明する理論として、単純だが説明力に優れているのが「期待理論」である。期待理論によるとモチベーションの大きさは、報酬や目標の「魅力」と、努力すればそれが得られる（達成できる）だろうという「期待」（見込み）を掛け合わせたものによって決まる。つまり、その人にとって報酬や目標が魅力的なほど、そして自分の努力によって獲得・達成できそうなときほど「やる気」が強くなるわけである。

私たち自身の実感に照らしても納得できるはずだ。

まず「分化」すれば年俸制や出来高給のように、一人ひとりの実力や実績に応じた報酬を与えることが可能になる。さらに特許や学位、あるいは業界団体による表彰など、会社という枠を超えたインセンティブ（誘因）も得られる可能性があり、それが大きなモチベーションをもたらしている例も多い。

また、その報酬や目的が自分の実力で獲得したものだとわかれば、達成感や自己効力感がいちだんと大きくなる。そして周囲から実力・実績を認めてもらえる（逆に妬みを買うというマイナス面もあるが）。それによって承認欲求も満たされる。したがって、分化すれば報酬や目標の「魅力」は大きくなるはずである。

オリンピックでも多くの選手は「団体より個人のメダルがほしい」というし、会社でも「チームとして表彰されるより個人として表彰されたほうがうれしい」というのは偽らざる本音だろう。

もう一つの要素である「期待」については、いっそう「分ける」ことの効果が大きい。わかりやすい例をあげよう。

かりに会社の業績に応じてボーナスの金額が決まるなら、ボーナスを上げてほしいからがんばって会社の業績を上げようと思っても、社員一万人の会社では一万分の一の影響力しかない。自分がいくらがんばってもムダだと思うだろう。一〇人で運営する店舗でも、一人あたりにすれば一〇分の一の影響力しかない。ところが個々人の分担が決まっていて、その達成度によって報酬が決まるなら、自分の努力と実力次第で高いボーナスがもらえる。「期待」が最大になるわけである。

もちろん報酬はお金だけではないが、昇進や周囲からの評価といった無形の報酬についても分担がはっきりしているほど、「期待」は大きいといえる。

なお第三章で述べる将来のキャリアも考慮に入れれば、「分ける」ことのモチベーション効果はいっそう大きくなる。自分の努力しだいで成果があがり、それが将来の夢につながるからである。

†自ずとムダが減り、仕事が効率化される

モチベーションが高まれば、その好影響は多方面に波及する。

その代表的なものがムダの削減、仕事の効率化である。未分化だとムダを削減するインセンティブがないばかりか、逆のインセンティブが働く場合があるからだ。

たとえば集団単位で仕事をしていると、自分がいくらムダを省き仕事を効率化しようと思っても、自分の努力だけではどうしようもない。

それだけではない。パーソル総合研究所と中原淳が行った「長時間労働に関する実態調査」によると、「優秀な部下に優先して仕事を割り振っている」という上司が六〇・四%を占め、「平等に仕事を割り振っている」という上司の三九・六%を大きく上回る。難度が高いか、良質な仕事を優先的に割り振られるのならよいかもしれないが、おそらく仕事を手際よく片づける人には面倒な仕事や雑務もたくさん回ってくるだろう。そのうちにだれもが、仕事を素早く効率的に片づけてもトクにならないと学んでしまう。

さらに要領が悪く毎日遅くまで仕事をしている人のほうが「がんばっている」と評価されたり、残業手当をたくさんもらったりすることがある。だったらむしろ仕事を効率化しないほうがトクだと考えてもおかしくない。

一人ひとりの仕事を分化すると、仕事を効率的に片づけた人は余裕の時間が生まれる。もっとも勤務時間が決まっている場合には、定時まで帰ることはできない。そこで、空いた時間は仕事に関係する読書や資格試験の勉強など自己啓発に当てさせればよい。もちろん分化することが直接、効率化を促進するという効果もある。たとえば分化をすれば会議や打ち合わせの時間、資料などが減らせる。

それらが相乗的に作用して生産性を向上させるわけである。なかには生産性、仕事の効率が劇的に高まったという事例もある。

大阪のある中小企業（製造業）の社長がつぎのように語っていた。この会社では以前、現場の労働者が毎日午後八時くらいまで残業していた。そこで残業を減らすため一人ひとりの分担を明確にして目標を設定し、目標を達成したら風呂に入って帰ればよいことにした。すると彼らは必死で働いて午前中に仕事を済ませ、午後三時ころには帰るようになったそうである。

ところで仕事を個人単位に分化すると、努力次第で成果をあげて高い報酬を手にすることができるという「稼ぐ自由」のほうに目が向きがちである。しかし、いっぽうで成果さえあげれば自分のペースで働けるという「働き方の自由」、あるいは報酬を下げる代わりに「楽をする自由」を得るという働き方も選択できることを見逃してはいけない。

歩合制で働く証券会社や保険会社の外務員、あるいはタクシー運転手などがその典型である。つまり個人の価値観やライフステージに応じて働き方を調節できるわけであり、それだけ働き方の選択肢が増えることを意味する。

以上、前節では働く人の視点から、本節ではマネジメントの視点から、なぜ仕事を分けることが必要かを述べてきた。

つぎに、仕事を「分ける」にはどのような方法があるかを説明しよう。

3 仕事を「分ける」三つの切り口

†職務で分ける（職務型）

仕事を「分ける」最もオーソドックスな方法が「職務型」、すなわち欧米などで一般的に取り入れられている職務主義である。

欧米の企業や役所では職務を限定して採用され、一人ひとりの職務内容は職務記述書（ジョブディスクリプション）に細かく記載されている。また、そこには報酬の金額や日本の福利厚生に当たる付加給付なども明記されている。仕事の分け方は、職種や仕事内容によって担当地域・担当部署で分ける場合もあれば、仕事内容によって分ける場合もある。

海外に進出している日本企業も、多くは現地式の職務主義を取り入れている。たとえば大手電機メーカーC社のオーストラリア事業所では、人事部のスタッフは一人ひとり、営業部担当、経理部担当というように担当部署が決められている。また資金を回収する仕事では、顧客ごとに分担が決められているという。

大企業、そして欧米企業だけではない。中国をはじめアジアの企業でも、一人ひとりが受け持つビジネスや担当する営業地域などを決められているケースが多い。

分担が明確なため一人ひとりの裁量権も、「分化」されていない日本国内の事業所に比べてかなり大きい。たとえばグローバル展開している日本の某部品メーカーの場合、職務主義を取り入れているドイツでは、上司のサインがいるのは公的機関に提出する書類とか、予算が必要になる業務くらいだという。それ以外の仕事は自分で計画を立てて実行し、後で上司に報告すればよい。

日本国内でも戦後のいっとき、担当する職務に応じて給与が決まる職務給を取り入れる企業があったし、近年になって再び職務主義を取り入れようとする動きがでてきた。いわゆる「ジョブ型」雇用がこれに近い。ただ、多くは対象が「限定正社員」や契約社員などにかぎられており、全社員を対象に導入しているところはほとんどみられない。

その大きな理由は、職務主義のもとでは、社内でその職務が不要になったとき、職を失うことになるからである。しかし職務主義と雇用保障が両立不可能なのかというと、必ずしもそうとはかぎらないようだ。

たとえばフランスの公務員には職務主義が徹底されているが、いっぽうでは通常定年までの雇用が保障されている（ただ日本と違って自動的に昇進していくわけではない）。またヨーロッパの主要な国では法律や労働組合の力により、解雇は相当厳しく制限されている。

わが国でも昔から、社内で一定の経験を積んだあとは「経理畑」「営業畑」と呼ばれるようにやや広い専門の範囲で人事異動が行われてきた。そうした事実に照らすなら、「雇用維持を重視する以上、職務主義は導入不可能だ」という理屈は絶対的なものとはいえないだろう。

職務主義を取り入れるうえで、もう一つの懸念は、仕事量や困難度など負担の公平性である。

とくに一人ひとりの仕事内容が大きく異なる場合、分担を明確にすると負担にばらつきが生じる。しかし、分担することによってはじめて特定の人に負荷がかかっているとか、職務に見合った能力が備わっていないといった問題点がみえてくる。その結果を踏まえて仕事の配分や人の割り当てを見直せばよい。製造現場でも個人ごとに仕事を分担させると負荷に不平等が生じる場合があるが、一カ月単位で仕事のローテーションを行って不平等を解消している企業がある。

専門で分ける（専門職型）

二つ目は「専門職型」、すなわち一人ひとりの専門によって分ける方法である。

V・A・トンプソン（一九七二）は「専門化」を「課業の専門化」と「人の専門化」に分類している。「課業の専門化」は前述した職務主義に近い。それに対し「人の専門化」とは知識や技術の専門性に沿った仕事の「分化」を意味する。たとえば医療機関には外科医、内科医、眼科医、レントゲン技師、臨床検査技師といったさまざまな専門家がいる。そして手術の際には執刀医、麻酔医、看護師などがチームを組んで仕事に当たる。同じように雑誌の編集には、編集者のほか記者やライター、カメラマンといった専門家が関わるし、テレビ番組の制作ではプロデューサー、ディレクター、それに照明や音声、撮影、録音などの専門家がチームを組んで仕事をする。

欧米流の職務主義も少し見方を変えると、ここでいう「人の専門化」の要素がかなり含まれていることがわかる。あるメーカーを例にとると、一つの部署が管理職のほかコーディネーター、マーケティングアナリスト、プロダクトマネジャー、アシスタントブランドマネジャーといった人たちから成り立っている。組織そのものがプロジェクトチームに近いイメージだ。

このような専門家どうしによるチームワークは、未分化な組織・集団のチームワークはもとより、職務主義に基づくチームワークよりも強くなると考えられている。社会学者のÉ・デュルケーム(一九七一)は、社会的な連帯を類似した者どうしが結びつく「機械的連帯」と、異なる人びとによる「有機的連帯」に分けている。

機械的連帯と違って有機的連帯の場合、専門が違うので互いに利害が対立することが少ない。逆に自分の専門性を発揮して成果をあげるには、違う専門の人と力を合わせなければならない。機械的連帯をブロック塀に例えるなら、有機的連帯は名職人がつくりあげた城の石垣のようなものだ。前者はセメントや鉄筋で固定しないとすぐ崩れるが、後者は少々の地震にも耐えられる。

技術の高度化や消費者ニーズの多様化にともない、各分野で専門職の需要はますます高まっている。また市場や技術など経営環境の変化は以前と比較にならないほど早く、激しくなっている。したがってプロジェクト型の仕事はいちだんと増加し、プロジェクトチームをベースにした組織も増えていくだろう。したがって今後、専門性を切り口にして分化を進める余地は大きいと考えられる。

†まとまった仕事を受けもつ（自営型）

これから増えていくことが予想される、もう一つの分け方が「自営型」である。組織に属しながらも、半ば自営業のように、ある程度まとまった仕事を一人で丸ごと受けもつ働き方である。

「自営」と聞くと農業や個人商店などを連想しがちなので、自営型がこれから増えていくというと時代に逆行した話のように聞こえるかもしれない。でも、はたしてそうだろうか？

たとえ話からはじめよう。

マラソンで後続集団は先頭集団から大きく後れを取っていた。ところが突然、ゴールが変更になった（現実にはありえないが）。すると後続集団が逆にトップへ躍りでて、先頭集団は最下位から追い上げなければならない。

環境への適応という視点からみると、組織にも同じことがいえそうだ。前述したように職務主義は最もオーソドックスな「分化」の方法であることは間違いがない。しかし、少しずつその限界もみえはじめている。

そもそも職務給を中心にした職務主義は二〇世紀前半、すなわち少品種大量生産型の工業社会が全盛だった時代に欧米企業で広がったものである。その時代には生産現場はもとより、オフィスにおいても決まった仕事をいかに正確、かつ迅速にこなすかが重視された。

ところが工場やオフィスにオートメーションが導入され、さらにＩＴ化の時代を迎えるとそのような仕事の多くは機械やコンピュータがこなすようになった。いっぽうでは技術革新や経済のソフト化、グローバル化によって以前とは比較にならないほど環境の変化が激しくなった。常に変化する市場や顧客、あるいは新しい技術に適応するため、仕事内容も流動的になっている。

そうすると、一人ひとりの仕事内容を細かく定義して契約する職務主義では変化に適応できない。そこでアメリカでは職務内容に一定の幅を持たせて処遇する「ブロードバンド」といった手法が取り入れられるなど、職務主義を修正する動きがみられた。

さらにＩＴ化、デジタル化が進むほど、人間には逆にアナログ的な能力が求められる。そうすると、仕事の範囲や内容を機械的に定義する職務主義の発想そのものの限界があらわになるかもしれない。

しかし、とくに大企業では整然とした階層や命令系統を軸にした官僚制型の組織を骨格から変えることは容易でない。マラソンのゴールが変わったとき、先頭ランナーがいちばん損をするのと同じように、工業社会に適応した組織ほど、ポスト工業社会の環境に適応するときに大きなハンディを背負うのである。

†中国・台湾企業、周回遅れがトップに?

逆に後続を走っていたが、ゴールが変わったため一躍トップに立つチャンスを得たのが中国や台湾などでみかけられる企業である。

いまから三〇年あまり前、中国や台湾などの中堅もしくは中小規模の企業を訪ねると、はっきりとした組織図や仕事の分担表のようなものはみられず、会社のなかに小さな社長や自営業者がいるような感じだった。韓国では生産ラインごとに一種の経営者がいる「小社長制度」を取り入れているところも多かった。当時は学界でも、それを発展段階の後れとしてとらえるのが一般的だった。

いまでも中国や台湾のビジネスパーソンに会うと、自営なのか雇われているのかわからないような人が少なくない。つまり身分上は社員であっても、半ば自営業者のような感覚で働いているのだ。それはシステムそのものがそうなっているからである。

いくつかの事例を紹介しよう。

台湾の新北市（シンペイ）にある広告会社のC社。二〇〇二年に創業したこの会社では、メーカーのマーケティング担当から依頼を受け、世界に張り巡らされた独自のネットワークを使ってITハードウェアなどの紹介を行う。本社の社員は一〇人足らずだが、世界各地の従業員を合わせると四〇人ほどになり、国によって雇用している場合もあれば業務を委託している場合もある。

ここでは本社の社員も含め、全員が自営業者のように独立して仕事をこなしている。かつて本社では社員が一緒に仕事をしていたが、現在は彼らが一人でプロジェクトを企画してインターネットで世界に発注する方式をとるようになったそうである。

同じく新北市にあるU社でも新技術の活用により、仕事を単独でこなせるようになった。この会社には台湾と中国で合わせて一〇〇人ほどの社員がいて、計測器の開発や営業に携わっている。開発部門では、以前だとモックアップ（設計段階でつくられる実物大の模型）を別の担当者につくらせるという共同作業を行っていたが、現在は3Dプリンターを使って一人で開発を完結させている。

日本企業の開発現場に詳しい現地在住の技術者によると、日本なら規模が同じ程度の会社でも製品ごとに数名で担当するのが普通だそうである。いっぽう海外業務も、この会社では一人ひとりアメリカ担当、ヨーロッパ担当、アジア担当などと決まっている。ただしこれは自営型よりむしろ前述した職務型の範疇に入れるのが適切かもしれない。

台北市にある中小企業のK社。この会社では中国や日本の電機メーカーから委託を受けて電気製品を製作している。社員は一人ひとりが独立して開発、営業、ネット販売といった仕事に携わっている。いっぽうで食品販売などこれまでとは毛色の違う仕事が入ってくることもあり、それがある程度の業務量に達したときに担当する社員を雇用するという。ここでも社員は半ば自営業者のような形で働いている。

†分業化に逆行する棟梁集団の強み

つぎに、国内の企業に目を向けてみよう。

わが国でもＩＴ系企業のなかには、製品の開発からマーケティングまで一人で担当しているケースが少なくない。また興味深いのは、伝統的な業種にもそのメリットを活かしている企業が存在することである。

建築会社は高度成長期以来、効率性を追求して仕事を下請・孫請にだすとともに、社内でも規格化を進め、工程ごとに分業するのが普通になっている。それに対し静岡県沼津市に本社を置く株式会社平成建設は平成元年（一九八九年）の創業以来、設計から施工まで社内で一貫して行う体制をとっている。社内では約四〇〇人の社員のうち四割近くが土工事、基礎工事から大工まで一人で担当する。いわば「棟梁集団」だ。

このような体制は分業化と真逆の方向であり、効率性や専門性（仕事の質）を犠牲にするのではないかという疑問をぶつけてみた。すると返ってきたのはつぎのような回答だった。

分業の場合、各工程をそれぞれの業者に手配しているため、前の工程を予定より早く終えてもつぎへ進めない。それに対し同社のように内製化する場合、現場内の工事はシームレスに進み、前の工程が早く終わればすぐつぎの工程に移ることができる。また一つの現場でさまざまな工程を並行して走らせることも可能である。建築は多岐にわたる工種が複雑に絡み合っているので、一つの工種で最速を求めるより、全体の流れのなかからムダを省くほうが大きな要因として働きやすい。

仕事の質については、たしかに一つの工種のスペシャリストをめざすほうが技術的な精度や難易度を高められる。しかし「質」を建築物に対する発注者側のニーズととらえるなら、発注者のイメージが大工や職人たちに共有され、実現可能性について検討し尽くされたか否かが重要なポイントになる。したがって民間のマンションや住宅、商業施設のような規模の「小回りが求められる、手間のかかる」建築においては内製化の強みが生かせる。

もっとも、各工程をすべて理解するには大卒程度の知識が必要であり、育成にも時間がかかる。逆にいえば、それだけ頭を使うやりがいのある働き方であり、有名大卒がたくさん応募してくる。そして個人事業主として独立できるだけの付加価値がつくので、彼らのモチベーションはとても高いそうだ。

†自営型は日本社会になじみやすい

ところで、ここに紹介した効率性や仕事の質、モチベーションの話は、いろいろな業種や職種にも当てはまる部分が多いと考えられる。ちなみに次章で紹介する武州工業株式会社は自営型「分化」の例としてとらえることができるし、前述したように中国や台湾ではこのような形での「分化」が進んでおり、同国・地域の大手電機メーカーやＩＴ企業にもそうした特徴が垣間見える。

わが国もかつては農業国であり自営業が中心だったし、商人や職人が活躍した歴史もある。したがって自営型は日本人の文化・歴史やメンタリティにも合致しているといえよう。また俗に「仕事に人がついてくる」欧米型の組織に対し、わが国の組織は「人に仕事がついてくる」と表現される。それだけ仕事の属人性が強いわけであり、その意味でも職務型よりむしろ自営型のほうがなじみやすいと考えられる。

自営型は個人が市場や顧客などの環境に直接、対面しているところに特徴がある。それだけに市場や顧客のニーズを肌で感知でき、きめ細かくそれに応えることができる。製造現場でもトヨタの生産方式にみられるように、一人ひとりに自分の判断と裁量で仕事をする余地が残されていて、それが日本企業の強みとなっている。もっとも分化のしかたがあいまいなので、前述したように外発的モチベーションが生じにくい欠点はあるが。

それはともかく、仕事によっては一人の頭のなかで思考を完結させたほうが生産的である。もしかすると人間の知的能力は、一人である程度まとまった仕事をこなすことで最大限に発揮できるのかもしれない。かりにそうだとしたら、ITなどの力を借りて個人ができることの幅が広がるにつれて、自営型が今後いっそう広がっていく可能性がある。

とくに仕事の規模そのものが小さい中小企業では、職務型より自営型のほうが適している場合が多い。自営型の強みを活かすことによって、大企業を凌ぐような仕事ができる領域は少なくないはずだ。

ただ、いっぽうで知識・技術の水準が高まるにつれ、単なる自営型では能力的な限界もみえてくる。国内外を問わず大学院レベルの教育を受けた起業家、プロデューサー、コンサルタントたちが各分野の先頭を走る姿が暗示するように、専門型と自営型の融合した働き方が主流になっていくかもしれない。

いずれにしても自営型の特徴は、働く場所の制約を受けにくいこと、そして組織内における仕事の分化から独立・起業というキャリアの分化へとシームレスにつながっているところにある。それは組織の境界が不鮮明になり、雇用労働と独立自営との区別もほとんど意味がなくなる次世代の働き方を先取りしているといえるのではないか。また働き方の柔軟性が高いので、今後いっそう激しくなると予想される労働力需給の変化にも適応しやすいという強みがある。しかも自営型は日本社会にもなじみやすい分化のスタイルであることを、あらためて強調しておきたい。

4 どこから手をつけるか

†多民族国家マレーシアで日系企業が経験したこと

「働き方改革」の壁を打破するためにも、働く人のモチベーションを引き出して生産性を高めるためにも、またパワハラや不祥事などを防ぐためにも仕事を「分ける」ことがいかに大切か理解していただけたと思う。しかし理屈ではわかっていても現状維持に傾きがちな組織の体質や、さまざまなしがらみから改革に踏み切れない場合がある。

そこで、多くの組織にとって実践しやすい「分化」の進め方をいくつか紹介しよう。

その一つがダイバーシティ、すなわち人材の多様化を戦略的に推進することである。企業が多様な人々からなる国へ進出すると、待ったなしで多様な人材への対応に迫られる。その典型がマレーシアへ進出した日系企業である。企業がダイバーシティにどう対応しているかを知るため、私は二〇一四年、二〇二〇年と二度にわたってマレーシアを訪れ、日系企業、計一〇社で聞き取り調査を行った。

マレーシアは多様な民族から成り立つ代表的な国であり、マレー系、中国系、インド系、その他の人びとがそれぞれ一定の比率を占めている。彼らはそれぞれの宗教をもち、食事の戒律から祝日、お祈りの時間なども異なる。たとえば正月休みも宗教ごとに五つある。したがって現地に進出した日本企業は、必然的に「ダイバーシティ&インクルージョン」（人材の多様化とその包摂）の推進という課題を突きつけられる。社員全員が同じ時間いっせいに働き、いっせいに休むといった日本型のマネジメントが通用しないのだ。

そこで、いくつかの企業ではやむなく、何でも全員一緒に行うという日本型マネジメントを見直すことにしたという。ある会社では、まず必ず一緒に行わなければいけない仕事だけを抽出し、それ以外は分担を決めて仕事のやり方や働く時間は個々人の裁量に委ねるようにした。そして、この方式を現地の日本人社員にも適用した。現地法人全体で仕事の「分化」が行われたのである。また別の会社では服装を自由化し、客と会うとき以外はTシャツで働いてもよいことにした。いずれも現地の人にはもとより、日本人社員にも評判がよく、仕事の生産性も上々だったそうだ。

さらにマレーシアで多くの日系企業は職務主義の導入と、成果の重視を徹底している。

とくに多民族、多宗教ゆえ不明瞭な評価や処遇の格差が大きな社会問題に発展するリスクが高い。そのためいっそう仕事を分化し、客観的な成果で評価することに力を入れているのである。

またマレーシアにかぎらず海外の進出先では、日本国内と違って上司と部下の間でも人格的に「対等」な関係が求められる。そのため日常のコミュニケーションも日本国内とは違ったスタイルになる。たとえば役職ではなく、互いに名前で呼び合うようにしているところが多い。それもまた社員を個人としてみているわけであり、分化のあらわれととらえられよう。

†ダイバーシティを分化の契機に

ダイバーシティが分化の契機になるのは企業だけでない。

近年、日本各地の病院で看護師不足が続いている。そこで千葉県内のある病院は数年前、東南アジアから外国人の女性看護師を数名採用した。まじめで優秀だと周囲の評判もよかったが、彼女らが戸惑ったのは文化や慣習の違いだ。一つ例をあげると、彼女らはプロである以上、自分で判断して行動するように母国で教育されてきた。ところが日本では細かな「ホウレンソウ」（報告・連絡・相談）が求められる。「郷に入れば郷に従え」で日本流のやり方にしたがわせるのが普通だが、この病院では彼女らの声に耳を傾け、報告も引き継ぎのときだけ行うシステムに変更した。すると彼女らが満足したことはいうに及ばず、日本人の看護師にも好評で、離職率が半分以下に低下したそうである。

このように人材の多様化は一時的に摩擦や混乱をともなうことがあっても、非効率的な一律主義や集団主義を見直すきっかけとなるケースが多い。

女性の活用も「分化」を進めるきっかけになる。前述したように女性の活躍を妨げる「ガラスの天井」を取り払い、真の男女機会均等を実現するには、仕事の「分化」がカギである。また企業にとって必要な優れた能力をもつ「タレント人材」を採用し、活用するうえでも「分化」が不可欠である。

よくある例として、ベンチャー型の企業を立ち上げる際、他社の経営者やフリーランサーなどもメンバーとして加える。当然、そこには家事や育児の負担を抱える女性も含まれることがある。そこで多くの場合、一人ひとりの仕事内容を限定するか、もしくは役割を決め、専門家として貢献してもらうことになる。前述した三つの切り口のうち、「職務型」か「専門型」で仕事が分けられるわけである。もちろん、なかには「自営型」で参加するケースもある。

近年、法律や政策の後押しもあって女性、外国人、障害者などの雇用が増え、人材の多様化が進みつつある。しかし人材の多様化と生産性の関係を詳細に分析した二〇一九年版『経済財政白書』によれば、単に多様化しただけでは生産性の向上に効果がないことが示されている。たとえば柔軟な働き方の導入など、企業の制度改革や取り組みをともなってはじめて生産性向上につながるのである。

ここに紹介した例はいずれも外生的な要因による人材の多様化である。わが国の場合、既得権のしがらみが多いことに加え、改革へのインセンティブが小さいこともあり、内側から分化を進めるのは容易でない。むしろ、このような「やむにやまれぬ」状況を前向きに受け止め、そこから改革を進めるというしたたかな発想が必要になる。

†まず別組織から始める

分化を進めるために有効なもう一つの具体的な戦略は、まず別組織からはじめることである。

組織全体で一挙に分化を進めようとすると、必ずといってよいほど抵抗に遭って挫折する。だからといって特定の職種を対象に、あるいは特定の人のみを分化すると、処遇の不公平感が広がったり、共同作業に支障をきたしたりするおそれがある。

その点、効果的なのは関連会社を設立して「分化」を取り入れ、分化された組織で働くことを希望し、かつ能力や自律性などの条件を備えた人のみを採用する方法だ。それが成功したら、対象を広げていけばよいのである。

とはいえ業務の性格によっては仕事を「分ける」ことが難しい場合や、その必要がない場合もある。それでも次章以下で紹介する方法によって「分化」することができるし、そうすることが望ましい。

また少し視点を変えれば、個人の仕事をさらに分けるという方法もある。

かりに一人ひとりの分担を明確に決めた場合、例外として組織を代表するような仕事や共同でこなさなければならない仕事をどうするかという問題が残る。そこで有効なのが、個人の仕事を分けるという考え方である。

ある研究機関では労働時間の二割を共同の業務に割くよう定めているという。別の切り口もある。たとえば若手社員の間からは、どこまでを自分の裁量で行い、どこから上司に相談すべきかがわからないという戸惑いの声がしばしば聞かれる。それが結果的に彼らを萎縮させたり、指示待ちにさせたりしているケースは少なくない。この場合も、どこまでは自分の裁量で行い、どこからは上司に相談すべきか線引きしてやればよい。そうすれば萎縮せず、かつ責任感を持って仕事ができるようになるだろう。

またユニークな例として、チェーン展開するある美容室では、給与を歩合制にするいっぽう、電話の応対や床の掃除など共同の仕事は一回行うごとに手当がつく制度を取り入れている。制度を取り入れてからスタッフが自発的に共同の仕事をするようになったという。

理想と目標は掲げながらも、可能なところから分化していくのが現実的な方法である。

第二章

職場を分ける

1　現代オフィスは「創造の場」

†大部屋で仕切りがないのは日本だけ

つぎに物理的な分化、すなわち職場を「分ける」ことについて考えてみよう。

オフィスといえば大部屋で、顔をつきあわせて仕事をするのが当たり前のように思われている。しかし、これは世界的にみると極めて特殊な職場環境であり、少なくとも私が二〇カ国以上の企業や役所をみてきたなかではわが国だけである（個別の例外はあるが）。

欧米はもちろん中国や韓国などでも管理職には個室が与えられ、それ以外の人は前と左右を仕切られたデスクで仕事をするか、キューブに四人ほど入り、それぞれが角の方を向いて仕事をしている。要するに個人の空間が用意されているのである（写真1）。そしていっぽうにはミーティングのためのデスクや、コーヒーなどを飲みながら話ができるコーナーが設置されており、息抜きだけでなく、ちょっとした打ち合わせもそこですませる。

細かい話になるが、隣席と隔てる仕切りの高さは一様ではなく、大まかにいうと欧米では高く、アジア諸国では比較的低い。仕事の分担の明確さと、仕切りの高さはおおむね比例しているようにみえる。ただ文化の違いも無関係ではなく、世界共通の組織と人事制度を取り入れている複数の企業では、欧米の事業所に比べてアジアでは仕切りが低くなり、日本ではもっと低くなるとか、いつの間にか取り払われるという話を聞いた。

写真１　アメリカのオフィスの風景

また国や地域によっては、コミュニケーションとプライバシーの兼ね合いから仕切りの高さは微妙に調整されている。たとえばノルウェーの会社や役所では、向かいの人と互いに背筋を伸ばせば目を合わせられる高さに設計されているところが多かった。

もっとも、欧米の企業で「日本式の仕切りがないオフィスを取り入れている」という職場をいくつか訪問したことがある。入ってみると、たしかに大部屋で一人ひとりの仕切りがない。しかし隣の人とは数メートル離れていて、互いに何をしているかはよくみえない。ちなみに国によっては、一人あたりの机の面積がいくら以上でなければならないと法律で定められている。

このように、仕切りのない大部屋で顔をつきあわせて仕事をする日本のオフィス環境は特殊である。もちろん特殊だから悪いというわけではない。日本式のオフィスでは上司が部下の仕事ぶりを目の当たりにしているので、部下の評価もしやすいし、職場全体の仕事がどれだけ進捗しているかもよくわかる。また同僚どうしでコミュニケーションをとるのにも、先輩が後輩に仕事を教えるのにも効率的だ。とりわけ大量の事務作業を、全員で力を合わせてこなすにはとても便利である。

†「事務作業の場」から「創造の場」へ

つまり、大部屋で仕切りのない日本型のオフィスは、狭義の「事務」作業を行うのに適した、文字どおりの「事務室」なのである。

しかし、このような環境が適した事務作業は、その大半が現在はコンピュータなどによって処理されるようになった。少なくともそれが可能になりつつある。そのことを見逃してはいけない。

そして、いまでは業種や職種を問わずホワイトカラーの仕事の多くが創造性や判断力、洞察力などを必要とする業務になっている。したがってオフィスは事務作業の場というより、「創造の場」「考える場」でなければならない。

こうした視点に立つと、日本式のオフィスには大きな問題があることがはっきりする。向かい合って仕事をしていれば、しばしば話しかけられるし、電話の声なども常に聞こえてくる。

それに周りの視線があるだけで仕事に集中できないものである。個人的な話で恐縮だが、私は新幹線のなかでパソコンを使って原稿を書くことも多い。ところが、そのときはまともな原稿が書けたつもりでも、後で読み直してみるとひどい文章になっている。隣の席に人がいるだけで画面を覗かれているのではないかという意識が働き、集中力をそがれるのだ。

まして会社のオフィスには、じっくり考えることも許されない空気がある。極端な話、五分間でも目をつぶって考え事をしていたら居眠りしているのと勘違いされるか、「暇そうだな」といって余分の仕事を与えられるだろう。逆にせわしなく事務作業をしたり、電話をかけたりしていると、がんばって仕事をしているようにみられる。当然ながら、それでは仕事の質も高くならない。

「分化」という視点からみるなら、わが国では仕事が分化されていないので一人ひとりの貢献度を直接把握することが難しい。そのかわりに仕事ぶりを監視することで、一人ひとりの貢献度をチェックしようとしているともいえよう。評価者が、後述する「認知的な分化」を行おうとしているのである。しかし知的な仕事、それも高度で複雑になるほど仕事の重要なプロセスは頭のなかにあることを忘れてはいけない。つまりプロセスがブラックボックス化していて、外からは評価も管理もできないのである。

にもかかわらず表面にあらわれた態度や仕事ぶりを評価したり、管理したりすると、それを意識させることのマイナス面のほうが大きくなる。とりわけスケールの大きな発想や独創の芽をそぐことにもつながりかねない。

†人間にも「なわばり」が必要

そもそも互いに顔を突き合わせて働く環境は、人間工学的にも問題がある。

ほ乳類はもちろん、鳥や魚にも「なわばり」がある。人間も例外ではなく、なわばりを侵されると精神的な安定は損なわれるし、仕事への集中力が低下して生産性にもマイナスになるのである。では、具体的にどれくらいの範囲のなわばりが必要なのか？

一つの目安になる基準がある。前出のホール（一九七〇）は人間の間に必要な距離を密接距離、個体距離、社会距離、公衆距離の四つに分け、アメリカ人（合衆国北東沿岸生まれの中間層に属する健康な成人）に対する観察と面接の結果からそれぞれの距離を明らかにした。

このうち「社会距離」は仕事をするうえでのなわばりに近いが、七～一二フィートの距離をとれば人の前で仕事を続けても失礼にはみえず、標準サイズの机でもそれを隔てて向かい合って座ると八～九フィートの距離になるという。これをメートルに換算するとそれぞれ二・一四～三・六六メートル、二・四四～二・七五メートルになる。わが国の場合、会社でも役所でも隣席とこれだけの距離を保っているオフィスは少ない。

もちろん、ストレスは距離の近さだけで決まるわけではない。距離的な近接性からくるストレスを克服するものが仕切りや壁である。E・S・バーンスタインとS・ターバンは「フォーチュン五〇〇」にランクインしているグローバル企業二社で、仕切りのあるオフィスを仕切りのないオープンスペースのオフィスに変更し、どのような変化が生じるかを調べた。

その結果、意外にも仕切りを取り払うと対面的な相互作用は大幅に減少し、逆に電子メールによる相互作用が増加した。また生産性の低下もみられた。しばしば指摘されているように、従業員たちは周りからみられていると忙しそうに振る舞う。そのいっぽうで大きなヘッドホンを使うなど、できるだけ自分の殻に閉じこもろうとするのである (Bernstein = Turban, 2018)。

仕切りのないオフィスは対面的なコミュニケーションを促進すると考えられがちだが、実際はかえって逆効果になりかねないのだ。

もっとも相手との距離感覚は文化による差もあり、日本人はアメリカ人ほどなわばり意識が強くないかもしれない (ホールによれば、ある面で日本人に似ているとされるドイツ人はアメリカ人以上になわばり意識が強いそうだが)。しかし、一般にわが国の職場はアメリカの職場以上に人間関係が濃密で、人びとが濃い空気を共有している。そのため上司・同僚の視線やため息さえ気にせずにはいられない。それだけに仕切られた個人の空間がいっそう大切だといえるだろう。

まして、これから女性の職場進出が進み、男女が机を並べて働く機会が増えれば、隣と仕切りがなく接近しすぎているオフィスは忌避される風潮が強まるかもしれない。

日本の会社や役所のなかでも、調査・研究部門や法務部門など集中して仕事をこなさなければならない職場では、以前から隣席との間に本や書類を高く積んでいる光景がしばしばみられた。周囲からは整理整頓ができていない姿のようにいわれていたが、実は個人の空間を確保するための苦肉の策だったのだろう。

「やまあらしのジレンマ」のたとえどおり、互いに接近しすぎて傷つくことを恐れるため、チームワークやコミュニケーションが阻害されている場合が少なくない。机の仕切りや衝立は、やまあらしのトゲで傷つかないように自分を守るシールド（盾）のようなものである。シールドで守られていてこそ、安心してチームワークやコミュニケーションを深められる。

†「ワイガヤ」の限界を踏まえて

それでもわが国では「三人寄れば文殊の知恵」的なチームワークに対する考え方が根強く、大部屋で顔をつき合わせて情報交換や議論をすることが有益だと信じている人は多い。

実際に集団で意見をだし合う「ブレーンストーミング」という発想法がいまだに根強い人気を集めており、最近ではみんなでワイワイガヤガヤと議論する、「ワイガヤ」を職場で積極的に行っている会社もある。

ブレーンストーミングにしてもワイガヤにしても、多様な意見をぶつけ合い、互いに触発することで新たなアイデアが生まれる。そしてメンバーの活性化やモラール（士気）の向上にもつながると考えられている。侃々諤々（かんかんがくがく）の議論をしていると時間がたつのも忘れ、気がつくと空が白みはじめていた。仲間と一緒に朝焼けを眺めていると何ともいえない充実感を覚える、と語る人もいる。

たしかに自由な議論、意見交換のなかからアイデアが浮かぶことは多い。形式化できない暗黙知どうしのぶつけ合いこそ、IT社会、AI時代に淘汰されない人間の知的生産方法だといっても過言ではない。

しかし、いっぽうでそこに限界があることも否定できない。そもそも主観的な感覚と客観的な価値とは必ずしも一致しないものだ。

社会心理学者の釘原直樹は多くの研究結果から、ブレーンストーミングより名義集団（相互作用のない独立した個人の成果を集めた名目上の集団）のほうが優れていると結論づけている。にもかかわらずブレーンストーミングのような対面での話し合いをよいものだと思うのは、自分は平均より優れていると思い込む自己高揚バイアスや、他者の発想を自分の発想だと思い込んでしまうこと、それに主観的な充実感があるからだと説明している（釘原二〇一三）。

しかも実験室ならともかく、現実の場面では個人の利害や各種のしがらみも関係してくる。たとえば個人単位の思考は、すでに説明したとおりアウトプットに対する報酬が賞賛や評価といった形で直接自分に返ってくる。したがって集団単位の思考よりモチベーションが高くなり、智恵のだし惜しみもしなくなる。それも成果の差につながっているのかもしれない。

さらに課題の質に注目すると、一般に簡単なものや、十分学習して身についた課題の場合は集団で行うほうが一人で行うよりも成績がよくなるが、難しい課題や学習が不十分な課題では間違いが多くなったり、作業の質が低くなったりすると述べられている（釘原同上）。

†集中と交流のバランスをどうとるか

私自身の経験や実感も交えていえば、思考には「拡散型プロセス」と「収斂型プロセス」の両方があるように思える。前者はいろいろなアイデアをだしたり、それまでと違う視点から考えたりするプロセスであり、それには多様な情報や刺激が必要であり、ブレーンストーミングなどが有効である。いっぽう後者はアイデアを深掘りしたり、まとめたりするプロセスであり、一人で集中して考えることが必要だ。原稿などの文章を書くのも当然、後者である。

したがって拡散型プロセスにはミーティングルームなどがあると便利だが、収斂型プロセスには個室か、仕切られた空間が必要になる。また精神面に注目するなら、いっぽうでは人との交わりやコミュニケーションをとおして社会的欲求を満たす場が必要であり、他方ではストレスを感じず快適に仕事をするための空間もいる。

さらにいえば、拡散型プロセスと収斂型プロセスは果実の帰属先とも関係する場合が多い。学会や研究会を例にとると、会場での発表や議論はそこに参加している人たちにとって利益になる。いわば参加者の共有財産である。いっぽう、そこで得た知識を参考にして書いた論文や、ヒントを得て取得した特許は個人のものになる（もちろん発表者の知的所有権を侵害しないかぎりにおいてだが）。

つまり集団で議論する場は知識創造における一種のインフラ、一人で考える場所は参加者個人にとって収穫の場と位置づけることができる。会社においても、二種類のプロセス、二つの場を併用すれば参加者の意欲を引きだし、知識創造の質を上げることができるのではないか。

いずれにしても一人になる空間と、交流する空間の両方を確保することが大切であり、欲をいえば両方の空間を自由に出入りできることが望ましい。

最近は日本企業でも、ふだん仕事をするデスクとは別に、仕切りで囲われた集中できるスペースを設けたニューオフィスが登場してきた。しかし、残念ながらたいていの職場では、集中できるスペースに常駐して仕事をすることは認められていない。そのためか、せっかくスペースを設けても実際に利用している人は多くないといわれる。やはりベースとなる個人のデスクには仕切りがあり、それとは別に気軽に話し合ったり、一緒に仕事をしたりする空間があるのがよい。

ただ冷めた見方をすれば、仕事の分化や後述するキャリアの分化が行われていない以上、そこまで集中して仕事をしようという意欲はわきにくいのではないか。だとしたら、仕事の能率を度外視し、みんなで楽しく働くことを優先する人が多いかもしれない。いうまでもなく、それこそ大問題なのだが。

†仕事が未分化でもできること

ところで一般的な話に戻れば、オフィスの「分化」を進めようとするとき、目の前に立ちはだかる二つの壁がある。

その一つが「仕事の壁」である。個室はもちろん、デスクに仕切りを設けても日常的な会話や目視による合図などのコミュニケーション、書類の受け渡しなどが行いにくくなる。それを不便に感じる人が少なくない。課や係といった集団単位で行う仕事が多く、個人の分担が明確になっていないからである。すなわち前章で述べた「仕事の分化」が行われないなかで、物理的な分化だけを進めようとしても限界があることを示している。

とはいえ、仕事は完全に分化されていなくても、ある程度は職場を変えることができる。たとえばオフィスに個室や仕切りを設けることが困難な場合、次善の策として机の向きを逆にして窓や壁に向かって仕事をするよう提案したい。

周知のように日本の小学校や中学校の職員室では教師が大部屋で向かい合って座っているが、ノルウェーやフランスの学校の職員室を訪ねると、教職員は壁に向かって座るレイアウトになっていた。わが国でも大きな役所のなかに置かれた記者クラブはこのような配置になっている。

そこで試みに、いわゆる「士業」の事務所でも窓や壁を向いて座るレイアウトに変更してもらった。すると、スタッフからは仕事に集中できると評判がよかったそうである。

社員どうしのコミュニケーションと、仕事への集中とをより強く意識して設計された職場もある。京都府宇治市にあるＨＩＬＬＴＯＰ株式会社は機械加工や表面処理などを業務とする会社だが、製造システムを徹底的に機械化した。部署を隔てる壁は取り払ういっぽう、低い仕切りで区切られた正八角形のオフィスでは社員が

写真２　社員が外を向いて仕事をする正八角形のオフィス（HILLTOP）

外側を向いて、コンピュータでシステム開発やプログラミングを行っている（写真2）。そしてふだんは八角形の真ん中にテーブルが置かれ、ミーティングなどに使われている。

†「分ける」ことへの抵抗感を払拭するには

もう一つは「文化の壁」である。オフィスの「分化」を進めるうえで意外と軽視できないのが、日本社会特有の文化である。

オフィスのレイアウトについて上司（管理職）と部下で別々に話し合ってもらうと、たいてい上司と部下とで意見がはっきりと分かれる。上司は、仕切りがないと部下が困っていたらすぐにわかるし、助言もしやすいと現状を肯定し、仕切りを設けるのにはおしなべて否定的だ。いっぽう、部下の側はそれを干渉やお節介と受け止める傾向が強く、大多数が「仕切りがあったほうがよい」という。冷めた目でみれば、権限や影響力を行使できる上司と、それを受け止める立場の部下とは、このように意見が違って当たり前である。

けれども長幼の序を軸にした人格的な上下関係と、家父長主義的な風土や文化が残るわが国では、上司の主張のほうが受け入れられやすい。また部下の側も強い抵抗は示さず、年数がたつとしだいにその風土や空気になじんでいく。その結果、未分化なオフィス環境のマイナス面を強く意識することがなくなるのである。残念なことに、ときにはそれがパワハラやセクハラの温床になる場合もないとはいえない。

上司と部下というタテの関係だけでなく、同僚どうしのようなヨコの関係にも日本社会特有の文化が影響している。

一般に欧米社会では、組織や集団から個人を「分ける」ことに抵抗が少ない。したがって相手と自分の間に仕切りを設けたり、距離をとったりすることも相手のプライバシーを尊重する行為として好意的に受け取られる。それに対し、プライバシーを尊重する意識が比較的希薄なわが国では、仕切るとか、分ける、離れるということは、相手を避けているように受け取られかねない。そのため互いに分けることを望んでいても、自ら口にだしたり行動に移したりするのはあんがい難しい。

それはオフィス以外の場所でもしばしば目撃する。たとえば災害時の避難所にも、最近まで仕切りがないのが一般的だった。避難所はプライバシーがないという理由で、災害の危険が迫っても自宅や自家用車のなかに留まる人が少なくない。けれども自分から仕切りをつくってほしいと口にだす人がいないので、いつまでも改善されない。たまたま避難生活を送る人の気持ちを察して段ボールで簡単な仕切りをつくったところ、たいへん好評だったそうだ。それを機に、避難所に仕切りを設ける動きが各地へ広がっていった。

職場でもつぎのような例がある。

企業のなかにはオフィススペースの節約とともにコミュニケーションの活性化を図るため、個人の席を決めない「フリーアドレス制」を取り入れるところが増えている。仕事の都合がよいところに座ればよいし、いろいろな人とコミュニケーションを取る機会も増えてくる。

そのようなねらいで制度を取り入れたものの、実際は同じ人どうしがいつも隣り合って座ったり、座る席を選ぶのに神経を使ったりするケースが少なくないといわれる。隣どうしに座っていたのが突然離れると相手の気を悪くしないかとか、逆に隣に座るのが迷惑でないかなどと気を回してしまうのである。

†やむをえぬ状況をつくる

そこで、日本人特有の対人的メンタリティを考慮した戦略が必要になる。その一つが、分かれ（離れ）ざるをえない状況をつくってしまうことである。

たとえば自由に席を選ぶフリーアドレスよりも、一定の期間ごとに座席をローテーションで移動させるか、小学校や中学校のように月に一度か週に一度、強制的に席替えをしたほうがよいかもしれない。そうすれば人間関係のマンネリ化が防げるし、違う人から多様な情報や刺激を得られるようにもなるだろう。

この例にかぎらず、自ら分化しにくい日本的風土のもとでは、前章で紹介した戦略的ダイバーシティのように一種の「外圧」を利用するか、あるいはトップダウンで分化したほうが成功しやすい。同僚たちの手前、表だって賛意は示さないかもしれないが、内心は歓迎している人が多いに違いない。

†製造現場でも分化にメリット

いっぽうモノを扱う製造現場では多少、様相が違ってくる。それでも物理的に分けることには働く人と企業の双方にメリットがある場合が多い。

工場など製造現場における効率化の歴史をたどると、F・テーラーの科学的管理法やA・スミスの分業に行き着く。工場の流れ作業に象徴されるように、一人ひとりが特定の作業に特化したほうが効率がよいからだ。ただ流れ作業に適した単純作業や定型的業務は、その大半が自動化され人間の手から離れていった。無人化された工場で人間は、設備のメンテナンスや異常への対応のみを行っている。
そのいっぽうで消費者の需要が多様化し、製品の仕様や生産量などを柔軟に変更する必要が増してきた。製造現場は少品種大量生産から多品種少量生産、あるいは多品種変量生産へとシフトしていった。そこで一九九〇年代から究極のセル生産方式として、電機業界などに登場したのが「一人生産」方式だ。そのスタイルが屋台に似ていることから「一人屋台」方式とも呼ばれる。

一人生産方式は家電や情報機器などの製造に導入している企業が多いが、なかには複雑で大型の機械にも取り入れているところがある。長野県にあるオリンパス株式会社の伊那事業所（当時）ではかつて、顕微鏡のレンズ加工から組み立てまでほとんどの工程に一人生産システムを取り入れ、一台が一〇〇〇万円ほどする大型顕微鏡を一人で一週間ほどかけて組み立てていた。

一人生産のメリットは量と質の変化に対して柔軟に対応でき、取りかかりから完成までのリードタイムが短縮できることだけでなく、熟練するとそこに職人的な感覚も活かされるため品質もよくなることだ。また分業化された流れ作業だと作業者は単調感を味わいやすいが、丸ごと製品をつくることで仕事の意味や達成感、充実感を味わえる。さらに、自分のペースで仕事ができるのでストレスが減るというメリットもある。

もっとも一人で仕事をすると自由な反面、孤独感や寂しさを味わうこともあるだろう。その点について作業者に聞いてみると、たしかにときたま孤独で寂しく感じると認めつつも、同僚どうしで仕事を早く片づけて、おしゃべりをする時間をつくっているので大きな問題ではないという答えが返ってきた。さらに企業によっては、自分の都合で勤務時間を調整できるフレックスタイム制を取り入れているところもある。

†IoTで進化した一人生産方式

一人生産を取り入れる場合、もう一つのハードルは経験や熟練の必要性である。流れ作業と違って多くの工程を一人でこなさなければならないので、かなりの経験を積む必要があるし、高度な技能も必要だ。しかしITの技術を取り入れることで、そのハードルを乗り越えられる。

静岡県浜松市にあるローランド ディー・ジー・株式会社は、コンピュータ周辺機器の製造および販売を行う会社である。同社は一九九九年に「デジタル・ファクトリー構想」を打ちだし、生産現場にはITを使った「デジタル屋台」を取り入れた。バーコードを読み取ると、製品の組み立てマニュアルがディスプレイに表示される。また部品をいくつ手に取ったかもセンサーでチェックされるので、作業者がミスをする心配がない。したがって、だれでも短期間のうちに一人生産ができるようになるという。

前章で「自営型」分化の例として取りあげた武州工業も、ITの活用によって一人生産を「進化」させた企業である。

同社では一人の技術者が材料の調達から加工、納期管理まで一貫して行う一個流し生産を取り入れた(写真3)。作業を自動化して生産性と品質を高めると同時に、後工程で品質検査も行う。「ラーメン屋と同じ感覚だ」と林英夫社長はいう。

注目されるのはIoTの活用であり、各自が受けもつ機械にはタブレットがつけられており、それがペースメーカーの役割を果たす。そこから得られたデータは専用のクラウドに表示される(写真4)ので、一人ひとりが製造プロセスの進捗状況をみながら仕事をする。また部品の在庫は自動的に管理され、協力メーカーに発注される。林社長はこれを「富山の置き薬方式」だと語る。

ただ会社が一人ひとりの目標を設定し、ペースメーカーで管理すると「ブラック」な職場になってしまいかねない。そうならないよう、ペースメーカーは自分で設定させているし、機械のスタートボタンも各自が自分の体調に合わせて押すようにしているという。

ＩＴがさらに進化すれば、モノを扱う製造現場でも「機能と行動の切り離し」（序章）

写真３／上　武州工業の生産工程
写真４／下　それぞれの機械につけられたタブレット

によって自営業のような働き方がますます増えていくかもしれない。仕事のペースも、時間も自分でコントロールできるところに「自営型」の神髄がある。

2 場所と時間の制約から解放

†日本では定着しないテレワーク

職場を物理的に「分ける」ことで個人の空間を確保する。その延長線上にあるのがテレワークや在宅勤務である。

働く場所と時間の制約から解放されることは、人間にとって大きな夢である。産業革命以来、労働者は賃金と引き替えに働く場所と時間の制約を受けてきた。それがインターネットなどITの進化によって解消されようとしている。

アメリカのシリコンバレーを訪ねると、あちこちに存在するコワーキングスペースでラフなかっこうをしながら机に向かって仕事をする人たちの姿がみられる。そこにいるのはフリーランスや大企業の社員、ベンチャー企業で働く人たちなどさまざまだ。

欧米だけではない。インドに本拠を置くグローバルIT企業、HCLテクノロジーズは「従業員第一」を看板に掲げる会社だが、会議などで集まることが必要なとき以外、自宅などどこで仕事をしてもかまわない。中国やアジアの国々でも、制度の有無と関係なく会社の外で働くことを認める企業が目立つようになった。東京、大阪、名古屋などを含む世界の一〇〇都市、五〇〇拠点(二〇二〇年現在)でコワーキングスペースを提供するWeWorkは近年、大企業の利用者が大幅に増えているという。

シリコンバレーの某有名企業に勤務するある男性は、「会社に連絡しておけば出社せずどこで仕事をしていても何の問題もない」と話す。また別の世界的有名企業に勤める日本人社員は年に二カ月は実家のある日本に帰国し、そのうち一カ月は会社のミッションをこなし、一カ月は休んでいるという。そういいながら彼女はスマートフォンを取りだし、新人の教育、プロジェクトの進捗管理など五項目のミッションが書かれた自分のページをみせてくれた。

わが国でも政府が「働き方改革」の一環として、自宅やサテライトオフィスなどで仕事をするテレワークを推進している。子育てや介護をしながら働けるなどワークライフバランスが取りやすくなるほか、企業にとっても人材の確保やオフィスコストの削減などに効果があると考えられるためだ。さらに災害や伝染病の蔓延など非常時には、代替的な働き方の切り札となる。

ところが、わが国ではコロナウィルスが流行している現在（二〇二〇年春）、在宅勤務が広がったものの、それまでは期待されたほど普及しなかった。東日本大震災のあとにも一時的に利用者が増えたが、すぐ元の状態に戻ってしまった経緯がある。

少し長いスパンでみると、国土交通省の「テレワーク人口実態調査」によれば、在宅型テレワーカーは二〇一四年時点で約五五〇万人であり、ピークの二〇一二年に比べて約三八〇万人減少している。テレワークをしている人も実施頻度は週に一、二日かそれ以下が大半を占めているのが実態だ（労働政策研究・研修機構「情報通信機器を利用した多様な働き方の実態に関する調査」二〇一四年実施）。

また総務省の「通信利用動向調査」によると、テレワークを導入している企業は二〇一八年時点で一九・〇％であり、この数年やや増加傾向にあるもののピークだった二〇〇九年と同数値である。

これらの調査結果などから、わが国の現状は「場所と時間に縛られずに働く」という理想にまだほど遠いといわざるをえない。

†足かせは「仕事の未分化」

ただ、理想だけが先行するのは危険だ。「場所や時間に縛られず働く」という理想を追求するうえで、確認しておくべき重要なポイントがある。

いわゆるＧＡＦＡ（Google、Amazon、Facebook、Apple の頭文字をとったもの）をはじめ、欧米企業では働く場所や時間の自由度が高く、本人の裁量に委ねるところが増えている。また次章（第三章）で述べるように、日本と違って仕事や配属を決める際にも本人の意思が尊重される。しかし、それを単に働く人を大切にする「優しさ」のあらわれとみるのは一面的すぎる。実はそこに、日本企業よりも厳しい側面があることを見逃してはいけない。

わが国では働く場所や時間の拘束が強く、仕事の割り当てや配属も組織によって決められる。そのかわりに仕事の成果責任はそれほど厳しく追及されない。「自分の得意な仕事を適した環境でやらせてもらえば、成果をあげられたはずだ」と言い訳をする余地が残されているからである。

それに対して働く人が望む環境で、得意な仕事に携わり、それで成果があがらなければ本人の責任ということになる。つまり、本人にとっていちばん働きやすい環境で、いちばん得意な仕事をさせるのは、言い訳を許さない厳しいシステムなのである。

その意味からすると、「言い訳」の余地を残している日本の組織には甘さが残るといえよう。したがって、まず問われるのは、ほんとうの意味での「自由と自己責任」を受け入れる覚悟があるかどうかである。逆にいえば、自分の責任を自覚させるには働く場所と時間の自由度を高めなければならず、その前提として仕事の分化が必要になるわけである。

ところが現状では、その前提が十分に備わっていない。

総務省の「通信利用動向調査」では企業がテレワークを利用しない理由についても聞いているが、「テレワークに適した仕事がないから」が七一・六%と飛び抜けて多く、「業務の進行が難しいから」（二二・三%）、「情報漏えいが心配だから」（二〇・一%）がそれに続く（複数回答）。つまり旧来のシステムがテレワーク導入のネックになっていることをうかがわせる。

また新型コロナウィルス感染拡大下の二〇二〇年三月二六日〜二八日にリクルートマネジメントソリューションズがインターネットで行った調査によると、テレワーク経験のある管理職の過半数が「部下の間でのコミュニケーションが減り、チームビルディングができないと感じる」(六四・四%)、「部下に必要なときに業務指示を出したり、指導をしたりしづらい」(六一・七%)、「部下がさぼっていないか心配である」(五六・九%)と回答している。いっぽうで在宅勤務をする社員の側からは、「業務進捗管理のための報告が多くて本来の業務に支障がでる」とか「正しく評価されるか不安だ」といった声も届いている。

これらのデータや現場の実情からは、予想どおり日本企業では「仕事の未分化」がテレワーク普及の足かせになっていることがわかる。

集団的な仕事が多く、個人の分担が明確になっていないため、離れていると仕事に支障がでる。さらに分担が不明確だと個人の成果や貢献度などアウトプットを把握できず、労働時間やがんばりのようなインプットで評価せざるをえない。ところがテレワークではそのインプットがみえにくいので評価がしにくく、目が届かないのをよいことにさぼる社員もあらわれるのだ。要するに、「自由と自己責任」を徹底できるだけの条件が備わっていないわけである。

やはり、仕事を分けることと職場を分けることとは深く関わっている。したがって非常時など一時的には問題を棚上げできても、長期的には表面化することが避けられないだろう。

✝ポイントは「機能と行動の切り離し」

しかし仕事が分けられるのを待っていては職場の改革は進まないし、仕事を分けられない以上、働く場所も分けられないことになる。そうした閉塞状態を打開するには、思い切って職場を分けることからはじめるしかない。つまり仕事の分化と職場の分化の順序を逆にするわけである。

とりあえずテレワークを取り入れることで、それまで隠れていたムダな仕事や非効率な慣行が浮き彫りになる。そして、仕事をどのように分化すればよいかというポイントもみえてくる。分化の必要性や大事なポイントが明らかになったら、仕事の分化に取りかかればよい。

その際、役に立つのが序章で触れた「機能と行動を切り離す」という考え方である。そもそも組織は役割（機能）の束であり、人間の行動を束縛する必要性はない。実際にＩＴを活用すれば、仕事（機能）がたとえ個人単位に分かれていなくても、行動面を、すなわち物理的に分けられる。一つの先進的な事例を取りあげよう。

東京にある株式会社Ｌ・ｉＢは人材紹介や教育研修・セミナーなどを行う会社であり、正社員、契約社員合わせて八六人(二〇二〇年一月現在)が働いている。女性従業員が多い同社では育児や介護と両立しやすいよう、短時間勤務や在宅勤務もできる「ファミリーシップオプション」という制度を取り入れている。

そして働く場所や時間が異なる人たちどうしが連絡を取ったり、調整を行ったりするため、社内のコミュニケーションチャネルとしてのｓｌａｃｋや、会議の議事録・業務マニュアルなどが共有できるＫｉｂｅｌａといったコミュニケーションツール、それにウェブ会議やビデオなども活用している。また働く場所や時間の調整が難しいなかで顧客サービスを効率的に行うため、法人向けにはｂｅｌｌＦａｃｅというシステム、個人向けにはＫｉｎｅなどを活用している。

ちなみに日本経済新聞社がまとめた二〇一九年の「スマートワーク経営調査」によると、上場企業等七〇八社のなかで多くの企業がテレビ会議システム(七八・四%)、ビジネスチャットツール(五五・六%)などを利用している(二〇一九年一一月一二日付「日本経済新聞」)。またテレワークの導入に際して、データのクラウド化を行っているところも多い。

すでに述べたようにわが国ではフレックスタイム制や裁量労働制なども普及が遅れており、その背景には個人の仕事が分化していない現実がある。しかし、これらのコミュニケーションツールを利用すれば、たとえ仕事が分化していなくても在宅等で働くことがある程度は可能になるはずだ。

そしていずれは、製造業なら自宅で工場の一部として業務を調整し合いながら、建設業でも遠隔地から重機を操作して作業するような働き方が広がるかもしれない。

†承認欲求をどう満たすか

ただ、技術的な条件をクリアできたとしても、もう一つ克服しなければならない障害がある。それはオフィスを仕切るときと同じく「文化の壁」である。

テレワークの利用に関する意識調査でマイナス面、もしくは不安な点として必ず上位にあがるのは、コミュニケーションが減ることである。実際にテレワークを経験した人に聞き取りをすると、連日自宅にいるとストレスがたまり不安になるなど、仕事上のコミュニケーションだけでは満たされない欲求があることを口にする人が多い。

日本の職場の特徴として、そこが単に仕事をする場、すなわち機能集団であるにとどまらず人間的な交わりの場、すなわち基礎集団、共同体としての性格も合わせ持っていることがあげられる。そこでは日常の何げない言動をとおして、互いに相手の気持ちを理解したり、個性を認め合ったりしている。その場の「空気」も大切な役割を果たしていることは間違いない。テレワークで交わされるコミュニケーションには、その点に限界がある。

しかもわが国では地域にコミュニティが根付いていないこともあり、会社以外に人間的な交わりの場をもっている人は少ない。とりわけ満たされにくいのが承認欲求である。多くの日本人は、それを日常の仕事ぶりを認めてもらうことで満たそうとする（太田 二〇〇七）。それだけに、会社から離れた環境で働くと仕事ぶりが周囲の目にとまりにくく、欲求不満に陥りやすい。

対策としては、一方で仕事外のネットワークを少しずつ築いていくとともに、仕事ぶりよりも仕事の実力を高め、実績で認められるように意識を変えていく必要がある。それはけっして不可能ではなく、会社から独立して起業した人やフリーランスになった人がたどった途である。

なお、その点で越えなければならないハードルが高いのは、一般社員よりもむしろ管理職のほうだろう。

日本の管理職は大部屋で部下に囲まれ、日常的に部下への指示や助言を行い、コミュニケーションをとるなかで承認欲求を満たしてきた。そのため、周囲に部下がいないと管理職として認められる機会が失われる。しかも部下が自律的に仕事をこなし、直接管理しなくても組織の運営に支障がないことがわかれば、管理職の存在意義そのものが問われかねない。

そのうえ彼らの多くは会社共同体にどっぷり漬かった職業生活を送ってきたため、地域をはじめ社外には自分を認めてくれる人、社会が存在しない。いずれにしても、それは組織のなかでも管理職の位置づけや能力活用に問題があったからだといえよう。

いうまでもなく管理職のためにテレワークをやめるのは本末転倒である。むしろテレワークの導入を、組織の人員配置や人材活用を見直す契機にしたい。

第三章

キャリアを分ける

1 独立・転職の機会がエンゲージメントを高める

†意欲が高い国と低い国の違いは？

これまで制度的、物理的に「分ける」ことがいかに大切かを述べてきた。しかし、ある意味でそれ以上に重要なのはキャリアという時間軸のうえで、組織から個人を「分ける」ことである。

まず、先に紹介したエンゲージメントをここでも取りあげよう。エンゲージメントに注目するのは、それが個人にとっても、企業にとっても重要な指標だからである。

序章では、各種調査の結果によると日本人のエンゲージメントが国際的にみて最も低い水準にあるが、同じ日本人でもフリーランスのエンゲージメントは欧米と比べても遜色がないほど高いことを指摘した。そこから日本人のエンゲージメントが低いのは、組織での働き方に原因があるのではないかと述べた。

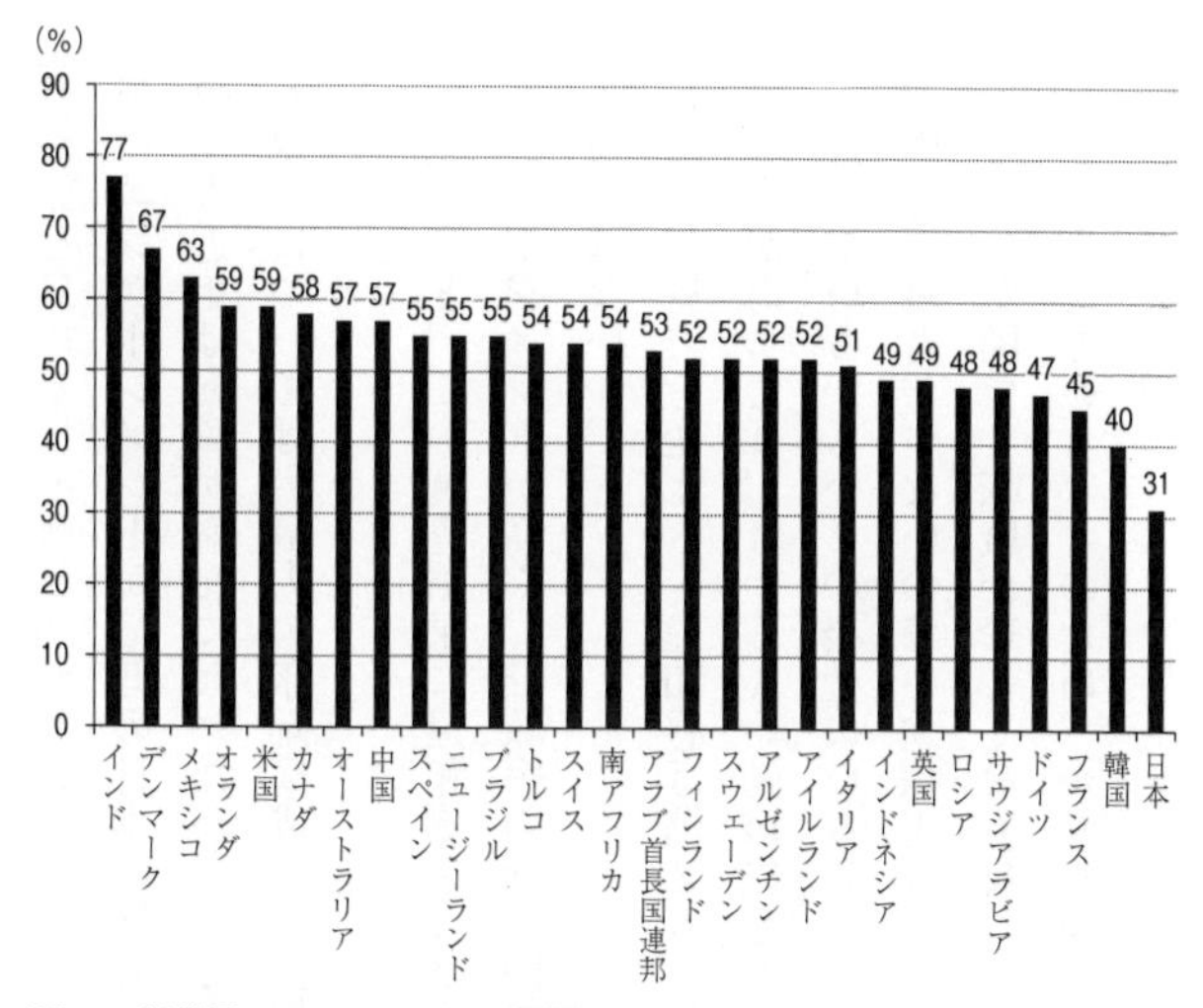

図1　従業員エンゲージメントの国際比較
資料：2012/2013 KENEXA WORKTRENDS REPORT をもとに作成。

では、具体的に組織での働き方のどこに原因があるのだろうか？

それをみつけるヒントを得られそうなのが、序章でも取りあげたケネクサの調査結果である。図1をよくみると、左右の両端に一つの傾向があらわれていることに気がつく。

最もエンゲージメントが高いインドは年間の離職率が二割程度に達し、とくにIT技術者のなかには好待遇の職場を求めて転職するケースが多い。そのため離職率が高いことが知られている。また二位のデンマークはEUのなかで最も労働移動が激しい国であるし、三位のメキシコも現地に進出した日系企業が頭を痛めるほど離職率が高い。

逆にエンゲージメントが最低の日本は終身雇用の枠組みが残っているし、下から二番目の韓国も近年は転職が盛んになったが、もともと儒教の影響もあり定着率が高い国だった。なお韓国については労働力の年齢構成上、長期勤続者の比率が低くなることが指摘されている。

一見すると、この調査結果に違和感をおぼえる人が多いのではないか。転職率の高い国でエンゲージメントが高く、転職率の低い国でエンゲージメントが低いのはおかしい。むしろ逆ではないか、と。

しかし、見方を変えると違和感は消える。転職率の高い国で働いている人は、仕事や待遇に不満があったり、もっとよい勤め先をみつけたりするとすぐに移る。したがって現状に満足しているからいまの会社にいるのだ。それに対しわが国のような転職率の低い国では、中途退職者が少ないので中途採用も少ない。そのため転職が容易でない。

近年はわが国でも転職が珍しくなくなったとはいえ、より条件がよい会社に移れる人はまだかぎられている。そのため、かりに現在の勤め先に少々不満があっても働き続けるしかないのである。

†大事なのは「自分で選んだ」という意識

そして同じ環境でも自分が選んだのなら納得するが、選んだという実感がなければ不満を持ちやすい。その理論的根拠となっているのが「自己決定理論」であり、自己決定と幸福感などの間には正の関係があるとされる（Deci = Ryan, 2000）。また日本人の幸福度は世界的にみてそれほど高くないが、進学や就職を自分で決定できるほど不安感は小さく、前向きになれることが明らかになっている（西村・八木 二〇一八）。

たとえ形のうえでは自分の意思で会社を選び就職したとしても、新卒で右も左もわからないなかでたまたま就職した人にとって、自分が選んでここにいるという意識は比較的薄いだろう。だとすれば、転職しやすい国に比べて前向きな気持ちになりにくいと考えられる。また「他人の芝生は青い」といわれるように、手に入らないものがよくみえる場合もある。

転職の困難さがもたらすネガティブな感情は、別の調査結果にもあらわれている。かなり古いが、総務庁（現総務省）青少年対策本部が一一カ国の一八歳〜二四歳の青年を対象として一九九三年に行った「第五回世界青年意識調査」がある。その結果をみると、日本人はいまの職場で勤務を「続けたい」という人の割合が一一カ国のなかで最も低く、逆に「続けることになろう」という人の割合が他国より突出して高い。

残念ながらその後の調査に同じ項目は見当たらないが、近畿大学（当時）の松山一紀は二〇一六年に全国の「上司がいる部下」一〇〇〇人（平均年齢三九・二歳）に総務省の調査と同じ項目を用いてウェブ調査を行った。その結果、「この会社でずっと働きたい」という回答は二五・四％であるのに対し、「変わりたいと思うことはあるが、このまま続けることになろう」という回答は四〇・五％に達した（松山 二〇一八、一〇四〜一〇五頁）。日本人特有の諦観にも近いような、消極的、運命的な帰属意識は現在も、そして実際に働く人たちにも存在することがわかる。

要するに日本企業は、表にはださないものの不満を内に秘めた社員をたくさん抱えているのである。そのことを自覚しておかなければならない。

†ゴールが近くにあるとがんばれる

転職や独立の機会があればエンゲージメントが上がる。「自分で選んだ」という意識が持てることに加え、もう一つの理由として、人間は「期間がかぎられていたらがんばれる」ことがあげられる。

その点で終身雇用は働く人、とりわけ若者にとって職場への満足や積極的な働く意欲に必ずしもつながっていないのではないか。そう思っていたところ、三年前の二〇一七年、私のもとに静岡市にある株式会社江﨑新聞店の江﨑和明社長から突然一通のメールが届いた。同社は創業一〇〇年を超える老舗企業であり、従業員約三六〇人の県内では大手の会社だ。

メールに記されていたのは、つぎのようなエピソードである。

新聞販売業は三年間で八割が辞めるほど離職率が高い業界であり、同社も例外ではなかった。そこで思い切って発想を転換し、三年間で経営者として自立できるように育てる新卒の採用・育成制度を取り入れた。もちろん独立することが義務づけられているわけではなく、同社の店長や事務職として働き続ける選択肢もある。また、いちど退職しても同社で働いた経験を評価し、一定の待遇で再入社できる制度も存在する。三年で独立できる制度を取り入れて丸四年たった二〇一七年時点で、中途退職者はわずか二人に激減し、定着率は九割に達したという。

メールを読んだ私はさっそく同社を訪ね、この制度を使って働く若手社員たちにインタビューした。すると、返ってきたのは「三年という区切りがあるのでがんばれる」という声だった。

それを聞いて思いだしたのは、かつて就職活動中の学生たちが口々に語っていたことだ。会社説明会では会社側が、入社してから定年までのキャリアプランをていねいに説明してくれる。ところが、それを聞いているうちに、だんだんと定年まで勤め続ける自信がなくなってきたというのだ。また、敷かれたレールの上を走るだけの人生はつまらないと感じ、内定を辞退したという学生もいた。

たしかに終身雇用のもとでは、いつクビになるかわからないという不安はない。しかし自分のキャリアが一つの会社のなかで終わるという閉塞感や、長期間働き続けられるだろうかという別の不安がわくのである。

マラソンランナーの君原健二氏は、一九六八年のメキシコオリンピックで銀メダルを獲得するなど、かつてのマラソン王国日本を率いてきたレジェンドだ。彼は現役時代、出場した全レースを完走したことでも知られている。その彼曰く、常に完走をめざしてきたわけではなく、とにかくつぎの電柱まで、そこへきたらまたつぎの電柱まで走ることを目標にがんばり、それが結果として完走につながったという。

職業人生もマラソンと同じで、いつでも辞められる、あるいは近いところに区切りがあるほうががんばれるし、結果的にはむしろ長期間働き続けられるのかもしれない。

†「時間」という要素のもつ意味

いずれにしても働く意欲や満足度などを考えるうえで、「時間」という要素をもっと重視すべきではないか。

こんな例があった。企業研修で、一人の中堅社員がつぎのような提案をした。営業部門では自分の仕事を片づけた人がサッサと帰ってしまう。早く片づけた人が遅い人を手伝うようにしたら残業が減るのではないか、と。会社に帰ってさっそく上司にその提案をぶつけたところ異存はなく、すぐ実行に移された。すると職場では社員どうしが助け合う様子もみられ、しばらくはうまく回っているようだった。

ところが数カ月たって結果をみると、それまで早く帰っていた人の残業が増えただけで遅い人の残業は減らず、職場全体の残業時間は大幅に増加していた。おまけに仕事が早い人たちの口から不満が漏れるようになり、職場の人間関係がギスギスしてしまったそうである。

このように短期的にはうまくいっていても、しばらくたつと不満や不公平感が表面化して暗礁に乗り上げるケースは少なくない。災害など緊急時の対応でも、長期化するにつれてだんだんとモラールが低下するといわれる。短期的には損得に目をつぶって、あるいは少々無理をしてもがんばれるが、いつまでも損得を度外視したり、無理を続けたりはできないからである。前章で取りあげたテレワークも、期間がたつと根底にある問題が露呈されてくるケースが多いのは、やはり同じ理由である。

†「期間限定」が結束の条件

プロジェクトチームの特異性はそこにある。私はかつて企業や役所で働く人たちにアンケートで、「これまででいちばんやる気がでたのはどんなときか?」と聞いた。すると、プロジェクトチームに参加したときの経験を述べる人がとても多かった。とくに目立ったのは「メンバーも仕事も新鮮だった」「貴重な経験の場だという気持ちがやる気につながった」など、ある種の非日常感をやる気の源泉としてあげる声である。

そしてプロジェクトといえば多くの人が連想するのは、かつてＮＨＫで放映されたドキュメンタリー番組「プロジェクトＸ～挑戦者たち～」だろう。国産旅客機の開発、黒四ダムや東京タワーの建設、大噴火した伊豆大島からの島民救出作戦など奇跡ともいえるプロジェクトの成功をもたらしたのは、いずれもメンバーの献身的ながんばりだった。

番組をとおして伝わってきたのは、目の前にぶら下がっている大きな目標と果たすべき使命に突き動かされていた様子と、時間的な切迫感から多くの自己犠牲を受け入れ、個人的な利害を棚上げしていた姿である。前者を表の面とするなら、後者は裏の面である。視聴者は表の面ばかりに目を奪われがちだが、それを陰で支えていたのが実は裏の面である。すなわち「期間限定」だからこそ、プロジェクトに関わった人たちはそれぞれが「無名の日本人」(番組のキャッチコピー)として爆発的なエネルギーを発揮できたに違いない。

チームとしての連帯や結束もまた、期間が限定されているほうが強くなるという面がある。昔から「同じ飯を食った仲」という言葉があるように、終身雇用で運命を共にするから会社への忠誠心も、社員の団結力も強くなると信じられてきた。たしかに運命共同体であるがゆえに協力するという側面があることは事実だ。

しかし、逆に長期的な関係だからこそ譲れないという場合があるし、陰ではゼロサム型の競争や対立が生じやすい。たとえば内部昇進と終身雇用のもとでは、かぎられた役職ポストを社員どうしが争うことになる。だれかがポストに就けば、他の人はポストに就くチャンスが減る。また、日の当たる人の陰には必ず日の当たらない人がいる。したがって互いにライバルとなり、足の引っ張り合いが起きるわけである。

それに対し、期間が限定されているとゼロサムになりにくい。それどころか、互いの成長と成功のために協力し合うような関係が生まれる場合も多い。よい意味での「手段的」関係である。

たとえば、後述するようにリクルート（株式会社リクルートホールディングス）は中途で独立・転職する社員が多いことで知られているが、社内には社員が活躍すると周囲が拍手喝采し、讃え合う自然な空気があるといわれる。ちなみに同社から独立・転職したOB、OGたちは「元リク」というネットワークを築いている。また前出の江﨑新聞店でも、三年で経営者として自立できる制度を取り入れてから、ベテランの社員たちが積極的に若手を育てようとサポートする姿勢が目立つようになったといわれる。

これらは期間が限定されることにより、かえって社員のエンゲージメント、すなわち仕事や組織に対する自発的な関わりが強くなったことを示している。エンゲージメントの深層では、「時間」という変数が大きな意味をもっているのである。

†籠のなかの夢と、大空の夢

転職や独立の機会があればエンゲージメントが上がる。もう一つの理由は、夢や目標の魅力が無限大になるからである。

一九九〇年代にバブル崩壊後の日本企業、日本経済が低迷を続けるのを尻目に、いち早く不況から脱却したアメリカ経済は同時期にV字回復を遂げた。その主役が既存の大企業をスピンアウトし、野心を胸に新しいビジネスを立ち上げた起業家たちだということはよく知られている。

アメリカだけではない。中国、台湾などでも、すでに述べたように既存の企業を飛びだして独立する姿はごく普通にみられ、それが経済・社会の活力を支えている。また韓国や中国などの新興企業が急成長した背景には、日本企業から高額の報酬で引き抜かれた優秀な技術者の存在があると指摘されている。

第一章で説明したとおり、期待理論によるとモチベーションの大きさは報酬や目標の魅力と、努力すればそれが獲得できるだろうという期待（見込み）を掛け合わせた値によって決まる。

一般的にいえば、企業のなかで得られる報酬や達成できる目標はかぎられている。会社に対して数百億円の利益をもたらすような貢献をしたとしても、その貢献に見合った報酬が受け取れるわけではない。とりわけ日本企業では仕事が分化していないので、個人の貢献度そのものが正当に評価されない傾向がある。そのため、たとえストックオプションや特許に対する報奨金のような制度が設けられていても、破格の報酬を受け取れるケースはまれである。また常に組織の一員として行動するため、会社の外で認められる機会も乏しい。

いっぽう、独立して起業した場合、能力と努力次第で青天井に収入を得ることができる。しかも獲得できるのはお金だけではない。起業家としての名声のほか、自分が理想とするような会社をつくるとか、NPOを立ち上げて社会貢献するといった夢を実現することもできる。

ただ、客観的にみると起業して成功する確率はけっして高くない。にもかかわらずスピンアウトして起業するのは、成功確率を主観的に高く見積もっていて「期待」が不釣り合いに大きいか、当人にとって報酬・目標の「魅力」が途方もなく大きいかのいずれかだろう。要するに起業家を動かしているのは、ある意味で合理的な計算を超えた行動であり、その原動力こそＪ・Ｍ・ケインズがいう「アニマル・スピリット」である。

しかし、個人以上に徹底した経済合理性が求められ、経済合理主義に基づいて行動する企業が、組織のなかで社員に「アニマル・スピリット」を発揮させようとするとは考えにくい。

†イノベーションの「敵」から逃れるためにも

とりわけわが国の場合、近年は大企業を中心にいわゆる「マイクロマネジメント」が進行しているとささやかれている。

たとえば人事評価制度は評価要素が増え、多方面からの評価が取り入れられるなど細かくなる傾向があるし、コンプライアンスの徹底が叫ばれるようになってから、仕事上の手続きのみならず出退管理も厳しく、かつ煩雑になったと指摘されている。しかも職務で契約する欧米のような歯止めがないので、放っておけば組織の論理にしたがって「マイクロ化」は際限なく進行する。

いうまでもなく、こうしたマネジメントの「マイクロ化」はイノベーションやブレークスルーを待望する社会のニーズにそぐわない。したがってわが国の組織風土を考えるなら、起業家型人材のスピンアウトが不可欠であり、社会的に起業・独立を支援するインフラづくりが必要だといえよう。

しかも冷静に考えるなら、企業にとっても社員のスピンアウトがマイナスになるとはかぎらない。

第一に社員のモチベーションが上がり、それが生産性の向上にもつながる。リクルートは昔から四〇歳前後までに退職して起業したり、コンサルタントや政治の世界に入ったりするケースが多かった。大半の社員がそのような将来の夢を抱いているので、モチベーションの高さが際だっているといわれた。そして彼らがスピンアウトして起こした会社にも起業文化が息づいていて、活力ある会社が多いことが知られている。

リクルートの例は日本社会では特殊な印象を与えるかもしれないが、そもそも経営者がその利点に気づかなかったはずはない。

歴史を遡れば、江戸時代の奉公人には「暖簾（のれん）分け」という制度があったことが知られている。たとえば一七世紀に京都や江戸で呉服業を興し、経営を拡大していった三井家の場合、十数年間の住込み店員生活を経て円満退職した人には、越後屋の屋号と暖簾をもつ一経営者となる途が開かれていた。都市の小商人・手工業者や農村の零細農民の次三男にとって、それは子孫に向かって継承されるべき家業の創始者となることだったといわれる（中井 一九六六）。

そして近年、外食産業や居酒屋、それに一部小売業のなかには、この「暖簾分け」制度を取り入れるところが目立つようになった。

カレー専門店として国内最大の規模を誇るＣｏＣｏ壱番屋は一五〇〇弱（二〇一九年一二月現在）の店舗を展開している。その店舗の大半がフランチャイズ店であり、オーナーのほとんどは「ブルームシステム」という制度を利用して独立した人である。この制度では正社員として入社してから店舗のオペレーションや経営ノウハウなどを学び、社内資格の三等級以上に達することが独立の条件になる。独立する際には債務保証制度が利用でき、独立後にロイヤルティは不要。売上げから経費を除いた利益はすべてオーナーの手取りになる。

ある居酒屋チェーンのマネジャーによると、独立を志している人は目の輝きから仕事ぶりまでが違うのですぐにわかるという。本人が修行だと思って働いており、他人の目がなくても手抜きをしないので安心して仕事を任せられると語る経営者もいる。

優秀な人材、せっかく育てた人が辞めれば、会社にとって痛手になることは間違いない。

しかし独立や転職の夢があるからこそ在職中に大きな貢献を引きだせるわけだし、ポストが空けば後進にチャンスが回ってくる。その流動性が組織の活力にもつながる。

そう考えたら社員の独立や転職という選択肢をシステムに取り入れることは、企業にとってもむしろプラスになる場合が多いのではなかろうか。プロ野球界をみても、広島東洋カープや北海道日本ハムファイターズなどは、FA（フリーエージェント）制度やポスティング制度で主力がつぎつぎと流出しているにもかかわらず、高いチーム力を維持している。

†請負も上下関係から対等な関係へ

社員の独立や転職は人材が減るので会社にとってマイナスになるというストック的な発想から、流動化が活力を生むというフロー的な発想への転換こそ、これからの時代に必要だろう。

社員のスピンアウトに対して前向きなとらえ方ができる理由がもう一つある。それは独立、起業した相手とアライアンスを組んでビジネスを拡大するという近年の潮流だ。

アメリカや中国、台湾などでは独立した元社員が会社を立ち上げて元の会社の一事業を担当したり、元いた会社のアウトソース先として仕事の一部を請け負ったりするケースが増えている。わが国でも中小企業、そして最近では情報・ソフト系の企業を中心に、第一章で述べた「自営型」の延長として、独立後も元の会社と業務を分担する例は少なくない。

独立した人にとっては安定した仕事を確保できるし、元の会社にとっては実力や人間性などがわかっているので安心して発注できるという利点がある。またアメリカではスピンアウトした社員が事業化に成功したら、元の会社がその事業を買い戻すケースも増えているという。

もっとも、元いた会社の仕事を請け負うというと、不利な条件で取引させられている下請企業を連想する人が多いかもしれない。しかし、それもIT化で様相が変わってきている。経済学でいうところの「規模の経済性」や「取引コスト」が小さくなったのである。

まず、情報やサービスの内容で勝負するソフトの時代には、大企業に対して中小企業が、あるいは個人経営が決定的に不利だとはいえない。むしろ小回りがきくだけに有利な面もある。

また、かつて元請（もとうけ）と下請とが固定的な取引関係を結んでいた背景には、最適な取引相手をそのつどみつけることが現実に困難だったという理由がある。しかしインターネットが普及し、さらにAIも進化しつつあるいまの時代には、その気になれば代わりの取引相手をみつけることが可能だ。正確にいえば、特定の相手との継続的な取引は取引コストの節約にはなるが、絶対的ではない状態になった。しかも情報・ソフト系の業種では、高額の機械や設備を必要としないので、取引相手が替わっても大きな損失は生じない。

つまり取引相手を切り替えるハードルが大きく下がったのである。

したがって元の会社から仕事を請け負うにしても、かつての固定的な上下関係、従属関係ではなく、ある程度対等な関係に近づいているといえる。

†Uターンもwin-winになる時代

転職の場合もまた企業と個人にとって損にならないばかりか、互いの利益になる可能性が広がっている。

最近はわが国でも一部の企業が「Uターン採用」を取り入れるようになったが、多くの企業にはまだ中途退職者を「裏切り者」扱いするような風土が残っており、再び迎えるのに厚い壁となっている。

それに対し海外では、以前からいったん退職して別の会社で働いたあと、再び元の会社に採用されて働いている人が珍しくない。

香港のEGL（東瀛遊旅行社）という大手旅行会社には「出戻り」の社員がたくさんいて、しかも戻ってくると待遇がアップする。またシリコンバレーでも、いちど転出してから戻ってきたほうが昇進しやすいという。企業だけではない。フランスのある県庁には、民間に転職しても一〇年以内ならポストが空けば戻ってこられる制度が取り入れられている。

このように「出戻り」を優遇する理由としては、いったん外の世界にでることで会社の長所も短所も客観的にみられるようになることがあげられる。加えて、社内に留まっていては得られない経験や知識が身につき、ネットワークも形成できる点が大きいようだ。なかには「費用をかけずに社員教育ができる」という経営者もいる。

ＩＴ化とグローバル化により、組織の内と外との境界はますます不鮮明になり、ネットワークのなかで仕事をするスタイルが普通になる。そうなると自社で働いた経験のある相手とアライアンスを組んだり、メンバーとして迎え入れたりすることは、やはり相手の気心が知れているだけにメリットがあるといえよう。

すでに述べたように、日本人のエンゲージメントは世界一低い水準にあり、組織への帰属意識も受け身で運命的だ。その一因はキャリアを自己選択できない、夢を持てないところにあると考えられる。それが企業活力や生産性の足を引っぱっているとしたら、企業としても独立や転職をしても損にならない、そして双方がＷｉｎ－Ｗｉｎになる仕組みをもっと積極的に取り入れてもよいのではないか。

2「退出」という選択肢は働く人の砦

†転職の機会があれば残業も抑制される

つぎに、再び働く人の側から考えてみよう。

まず組織と個人の原点に立ち返る必要がある。企業の目的が何かについてさまざまな議論はあるが、利益をあげることが重要な目的の一つであることは間違いがない。そして企業が利益をあげるためには、顧客の要求に応える必要がある。そのためにはコストを抑えて商品やサービスの価格を下げるか、モノやサービスを改善し、その価値を上げることが求められる。単純な図式ではそうなる。

犠牲になるのが働く人たちである。コストを減らすため賃金は低いほうがよいし、モノやサービスをよくするためには無理をしてでもがんばってもらいたいからだ。

企業にかぎらない。数年前に地方分権一括法が施行されてから、自治体の首長は「ミニ大統領」といわれるほど強大な権限を手にした。首長にとって、選挙に勝つことや自分の名声を高めることは大きな関心事である。そのため住民ウケする政策をつぎつぎに打ちだし、目立つ実績をあげようとする。そこでも、しわ寄せを受けるのが職員である。なかには職員の待遇を一方的に引き下げたり、職員に厳しい態度をとったりすることで住民の支持を得ようとする首長まであらわれる。

そこで、働く人を守る砦が必要になる。

経済学者のA・O・ハーシュマン（一九七五）は組織のメンバーが不満を解消する方法として、不満をうったえ改善させる「告発」（voice）と、組織からでていく「退出」（exit）の二つをあげる。

「告発」とは文字どおり声をあげてうったえることであり、労働者が団結して経営者との交渉に臨んだり、世論に働きかけたりすることなどがあげられる。いっぽう「退出」は離職、すなわち会社を辞めることが中心になる。

海外、とりわけ欧米などはわが国に比べるとはるかに残業が少ないし、有給休暇の取得率も格段に高い。それは、この「告発」と「退出」というメカニズムがよく機能しているためだと考えられる。

ドイツやフランスをはじめ多くのヨーロッパの国々では産業別、職業別に結成された労働組合の影響力が強く、労働時間は労働法規で厳格に規制されている。「告発」中心型だといえよう。

いっぽう、アメリカやイギリス、そしてイギリスの支配下にあった国や地域は伝統的に自由放任型イデオロギーが強く残っているため、労働法規による規制は比較的ゆるい。たとえば香港では残業規制や残業手当を定めた規定がなく、数年前までは最低賃金の規定さえなかった。それでも残業が意外と少ないのは、日本と比べて仕事の分担がはっきり決められていること以外に、労働市場にも原因があると考えられる。

実際に香港では、欧米のような職務主義がとられていない会社でも残業は比較的少ない。残業が多い会社には優秀な人材が集まらないし、残業させると社員が辞めてしまう。だから規制はなくても企業は無際限に残業をさせられないのである。

それに対してわが国の場合、経営者は社員が辞めることを想定していないので、労働条件をよくしなければならないという切迫感が乏しかった。それが労働時間短縮や休暇取得の促進を妨げてきた一因であることは否めない。

†ハラスメント発生の歯止めに

また働く人にとっては、ソフト面の職場環境も大切である。とりわけ近年、わが国で社会問題にもなっているのがパワハラ、セクハラなどのハラスメント、それに職場でのイジメである。ハラスメントやイジメはわが国特有の現象ではない。しかし海外で聞き取りをしてみると、わが国ほど深刻な問題にはなっていない印象を受ける。

理由の一つは第一章で述べたように仕事の分担が明確か否か、そしてもう一つは「退出」という選択肢の有無が大きく関わっていると考えられる。

容易に想像できるとおり、「いやなら辞める」という選択肢があれば上司の部下に対するハラスメントや、同僚どうしのイジメは起こりにくいし、かりに起こってもエスカレートしにくい。以前から中国や東南アジアに進出した日系企業では、日本人マネジャーが、「社員を叱るとすぐ辞めるので叱れない」と日本との違いに戸惑っていた。逆に辞めるという選択肢がないと、少々のハラスメントやイジメを受けてもがまんせざるをえないし、加害者側はそれをよいことにエスカレートさせる場合がある。

†「告発」も退出という選択肢があってこそ

さらに「告発」という手段も、最終的に「退出」という選択肢があってはじめて使える場合が多いことを見逃してはいけない。

給与など労働条件の改善をいくらうったえても、「退出」という最終手段が使えなければ無視される可能性があるし、ハラスメントやいじめにしても、いざとなったら辞める覚悟があってこそ被害者は声をあげられる。

このことは、いわゆる「内部告発制度」が期待されたほどの効果をあげていない現実をみてもわかるだろう。内部告発制度は、企業や役所の組織不祥事を抑制する切り札として導入された。にもかかわらず、不祥事の発覚後に設置された第三者委員会の報告書をみると、制度は存在しながら機能しなかったという事例が多い。

制度が活用されない大きな理由は、組織の一員として働き続ける以上、上司や組織を敵に回すことの代償がどれだけ大きいかわかっているからである。報酬や昇進などの面で告発者を不利に扱うことを法律で禁じても、有形無形の圧力をすべて防止することはできないのである。

それだけ「退出」という選択肢があるかどうかは、働く人にとって大きな意味をもつ。広い視野からみれば、欧米で産業別、職業別の労働組合が「告発」の力を持つのも労働者がいざとなったら個別企業から「退出」できるからだといえる。

わが国でも「退出」という選択肢が使えるようになると、労働条件は改善される。それをはっきりと裏づけているのが、近年の人手不足である。過酷な労働条件のため従業員が集まらなくなったことから、コンビニやファミリーレストランでは二四時間営業を一部廃止せざるをえなくなったし、宅配便も再配達の方法を見直すなどして労働条件の改善に取り組んだ。地方の中小企業や学校、病院などが「働き方改革」に重い腰を上げるようになったのも、人材不足、早期離職という市場の圧力に直面しているからである。

また最近は、SNSで「ブラック」な職場が告発されると人が採れなくなるといわれるが、それも労働市場の圧力が労働条件の改善に一定の役割を果たしていることのあらわれである。

少し長いスパンでみれば「退出」しやすくなるのは、働く人にだけ利益をもたらすわけではないことがわかる。前述したように「自分で選んでここにいる」という意識がエンゲージメントを高め、また企業が人材獲得のため労働条件を改善したらエンゲージメントが高まる。

そしてエンゲージメントが高まれば仕事も効率化され、生産性が上がる。さらに生産性が上がれば、労働条件も改善できる。こうして好循環が生じる。また労働市場からの圧力がもたらす緊張関係が、経営の効率化を進めるという側面も無視できない。

†「能力時価主義の時代」には「短期に清算する人事」が適合

さらに先を展望すれば、つぎのような変化のシナリオが描ける。

中途退職者が増え、労働市場が徐々に流動化してくると、企業としては社員がいつ辞めても大きな損失を被らないシステムに変えていかざるをえなくなる。それは定年まで働くことを前提に帳尻を合わせる、終身雇用、年功序列とは真逆の「短期に清算する人事」である。

「短期に清算する人事」へ移行した場合、働く人にとって大きなメリットは第一章でも取りあげた「統計的差別」の動機が消えることである。そこで述べたように、雇用する側が女性をはじめ特定の属性の人を差別する最大の理由は、早期に退職されるなどして投資が回収できなくなる確率が高いからである。したがって、そのリスクさえ取り除けば差別する理由はなくなる。その意味で「短期に清算する人事」こそ差別解消の切り札になるはずだ。

しかも「短期に清算する人事」は、能力に関する時代の要請とも合致する。ITの進化、そしてAIの登場によって知識や経験そのものの価値はいっそう低くなってきた。

ポスト工業社会で重視される創造性、感性、勘、ひらめきといった能力・資質は、その性質上、「辞めたら損だから」といった受け身の姿勢では育たない。しかも、どのような教育や経験によって身につくか、どのような条件で発揮されるかが具体的に明らかでない。裏を返せば、それが明らかでないからこそAIにも代替されにくいといえる。

したがって極論するなら、いま何ができるか(できたか)だけが問われるわけである。私はそれを「能力時価主義の時代」と呼んでいる。

「能力時価主義の時代」に入ろうとしている現在、そもそも二〇年先、三〇年先におけるその人の貢献度を予測すること自体が困難だ。だからこそ、会社への貢献度と報酬とを短期的にリンクさせるべきなのである。そして、それが「統計的差別」を生む動機そのものを払拭することにつながる。

独立や転職がしやすいシステムへの転換は、個人にとってはもちろん、企業にとっても、社会にとっても避けられない大きな潮流であることを忘れてはいけない。

3 日本のホワイトカラー最大の弱点を克服

†事務系が生産性向上のネック

ここまで会社等からの独立や転職、すなわち組織から個人を分離することの意味について述べてきた。しかし、キャリアを「分ける」という意味では、組織の内側にも目を向ける必要がある。すると、そこには日本の企業とホワイトカラーにとって、重大な弱点が隠れていることがわかる。

第一章で指摘したように、わが国の時間あたり労働生産性は主要七カ国のなかで最も低い。さらに時間あたりの付加価値（一九九八〜二〇〇〇年）を産業別にアメリカと比較すると、化学、機械、情報通信業などではアメリカの水準を上回るいっぽう、金融、販売・小売、各種サービスなどはアメリカの半分程度の水準にとどまっていることがわかる（日本生産性本部の分析）。

化学、機械、情報通信業などは設備や技術が、また製造業では一般に現場労働者の能力や仕事ぶりも生産性を大きく左右する。それに対して広い意味でのサービス業は機械化や自動化に限界があり、かなりの部分は依然として人の力に依存する。そして、いわゆる事務系ホワイトカラーの占めるウエイトも大きい。

ホワイトカラーの生産性を正確に把握することは困難だが、定性的な調査や個別事例などから、日本のホワイトカラー、とりわけ事務系ホワイトカラーの生産性が低いことは半ば「常識」となっている。

なぜ、日本の事務系ホワイトカラーは生産性が低いのか？

原因としては意思決定プロセスの複雑さ、頻繁で長時間にわたる会議、ムダの多い仕事といったシステムの問題のほか、社員の意欲や潜在能力が十分に引きだせていないことなどが考えられる。その背景には、仕事や職場が「未分化」な現実があるとすでに指摘した。

†ゼネラリスト＝素人集団の限界

さらにもう一点、重要なポイントとして彼らの専門性が低いことがあげられる。

周知のとおり企業が大卒の社員を採用する場合、理系と違って文系は大学のランクや、面接などから判断した「人間性」「人物」などを重視する。そのいっぽうで、所属学部や専門知識などはあまり重視しない。つまり、その時点で個人の仕事能力や適性はほとんど担保されていないわけである。そして採用後は、出身学部や本人の希望とはほぼ無関係に配属が決まり、その後も三年から五年といった周期で異動を繰り返していく。

このような人事システムは、幅広い知識と見識を備えた「ゼネラリスト育成」という建前に沿ったものである。研究者の間にも、日本企業では幅広い専門性を育てるべく計画的なローテーションが行われているという見方がある。たしかに、ある程度の経験を積み、役職に就くころになると「人事畑」「営業畑」というように一定の範囲で異動する傾向はみられる（すべての会社ではないが）。

しかし全体としてとらえるなら、私が調べたかぎりでは、必ずしも脈絡のある異動が行われているとはいいがたい。むしろどの部署で新たに人員が必要になったとか、その人のランク（資格や職位）に見合ったポストがあるかどうかといった理由で異動先が決まるケースが多い。しかも出向や転籍を含めれば異動の範囲はさらに広がり、脈絡はいっそう薄れる。

このようなシステムで採用、配属され、異動が繰り返される以上、いつまでたっても専門的な能力は身につかない。もちろん社内研修やOJT（職場訓練）、自己啓発などで能力開発は行われているが、体系性や深さの面で自ずと限界がある。だからといって文系が誇るべき社会科学的、人文科学的な思考力やセンスを身につけているかというと、正直なところそれも疑わしい。したがって反発を恐れずにいえば、日本の事務系ホワイトカラーは「ゼネラリスト」という看板を掲げているが、実態は「素人集団」の域をでないのである。

それでも、かつては大きな支障がなかった。しかし仕事内容の高度化、専門化が進み、知識や情報の質が圧倒的な重みをもつ「知識社会」に入った今日、事務系といえども法律、財務、マーケティング、人的資源管理、等々それぞれの分野で高度な専門能力が求められる。少なくともベースとしてそれが必要なのである。その優劣が企業の死命を決するといってもよいくらいだ。「素人集団」では、グローバルな競争のなかでライバル企業に太刀打ちできないのである。

†自己啓発への意欲を高めるにも

しかも配属や異動が人事部の手に委ねられている現状のもとでは、主体的な能力開発やキャリアアップへのモチベーションも生まれない。たとえば、かりに現在は人事やマーケティングの仕事に就いていても、数年たったらどこに異動するかわからない以上、本腰を入れて人事やマーケティングの勉強をしようという気にならない。つぎのデータはそれを裏づけている。

先にも引用したパーソル総合研究所の「APACの就業実態・成長意識調査（二〇一九年）」によれば、勤務先以外での学習や自己啓発について、「とくに何も行っていない」という人が四六・三％と、一四の国・地域のなかで突出して高い。自分のキャリアアップにつながらないのに、私的な時間やお金を注ぎ込んでまで能力開発に励もうという気にならないのは当然ともいえる。

問題はそれだけにとどまらない。社内では経営戦略の策定や新規事業開発、企画、人事など主要な部署では事務系ホワイトカラーが中心を占めている。また経営陣や管理職も、多くは「ゼネラリスト」育成システムで育ってきた人たちだ。そのためエンジニアや研究職の間からは、技術の重要性や専門的な話を理解してもらえないという不満の声が漏れ聞こえる。日本企業全体に残る「事務系優位」の風土のもとでは、いくら技術系が優秀でもその力を活かしきれないのである。

†キャリアを組織から分ける

そこで対策として、組織のなかでのキャリア形成も組織主導から個人主導へ切り替えること、言い替えるなら「キャリアを分ける」ことが必要になる。

こういうと日本型のローテーション人事こそ、個人を部署などの職場から分けてきたのではないかと反論されるかもしれない。しかし組織と個人の関係からいえば、ローテーション人事においては組織と個人が一体化している。どの部署に異動しても、会社という組織と個人は密着したままなのだ。個人主導の異動に切り替わってこそ、個人のキャリアが組織から分けられるのである。

個人主導によるキャリア形成の典型は、欧米企業で取り入れられている「ジョブポスティング」制度である。この制度のもとでは社内に空きポストができたとき、社内外に候補者を公募する。会社によってまず社内に募集し、社内から適当な応募者があらわれない場合に社外へ募集するところもあれば、社内外へいっせいに募集をかけるところもある。そして応募者のなかから受け入れ先のマネジャーなどが選考して採用を決定する。人事部は募集手続きや書類審査など側面から選考のサポートをするだけで、選考そのものには関わらないのが普通である。

ただ、この方法がベストであるとはいいきれない。なぜなら、どうしても選んでくれた上司に対する依存関係が強くなりがちだからである。したがって、その点では人事部や外部の機関が選考に介入したほうがよいかもしれない。

日本企業でジョブポスティング制度を導入しているところはほとんど見当たらないが、社内FA制や役職公募制、役職立候補制といった制度を取り入れている企業は少なからず存在する。このうち社内FA制は名称が示すとおりプロ野球のFA制度を模した制度であり、社員が自ら希望部署に移りたいと手をあげたとき、選考に合格すれば異動を認める。上司が部下の異動を阻止しようとしたり、異動できなかったとき人間関係が悪化したりするのを防ぐため、面接も週末に行うなど異動が決まるまでは極秘で進めている例が多い。

これらの制度は、中央集権的な人事システムから個人を解放するので個人の分化だといえる。そして別の見方をすれば、組織の内部に一種の市場原理を持ち込むことを意味する。

†本物の「内部労働市場」を取り入れるには

ところで市場原理という点では、転職が一般的な欧米では「外部労働市場」が発達しているが、わが国ではそれが未発達である。かわりに企業の部署間で、あるいはグループ会社の間で必要な労働力が取引されており、それを「内部労働市場」と呼ぶことがある。

しかし「市場」とは本来、売り手と買い手との間の交渉によって取引されるものである。一般に日本企業では本人の意向と無関係に異動が決まるので、正確には「市場」と呼べない。もっとも、送りだす部署と受け入れる部署が「売り手」「買い手」だととらえられなくはないが、だとしたら労働者個人は「モノ」の市場と同じような扱いをされていることになる。

したがって本来の市場原理を取り入れるためには、配属先と社員とが対等な立場で交渉できることが不可欠である。その点で参考になるのはつぎのような制度である。

中国のあるデパートでは、店舗に欠員がでると年に一度開催される「社内春季人材交流会」で募集する。それには、このデパートの社員だけでなく、問屋やメーカーから派遣された人も応募することができ、合格した人は新たな職場と雇用契約を結んで移籍する（竇(トウ)少杰(ショウケツ)二〇一三）。また、このデパートでは社内に欠員がでたときは社内で公募して異動させる制度も取り入れているそうだが、こちらは欧米型のジョブポスティングに類似したものだといえよう。

わが国でも企業の人事システムに「内部労働市場」という言葉を使う以上、このようなシステムか、あるいは対象が限定されているにしても社内FA制、役職公募制のような制度を取り入れるべきだろう。

ちなみに中国の例では、制度の導入によって社員の労働意欲を引きだすことに成功したと報告されている（竇 同上）。また、わが国で社内FA制、庁内FA制を導入した企業や役所で聞き取りをすると、制度を利用して異動した人はそれほど多くない（大半が一桁か十数人程度）が、自分のキャリアを自分で形成できると自覚させるメッセージ効果は大きいという。

ただ、当然ながらこうした制度だけですべてがうまく回るわけではない。たとえば社内には、負担が重いため社員に人気はないが、有能な人材を必要としている部署や役職がある。またFAで優秀な部下が抜けた部署にどう「穴埋め」するかという課題も残る。

そこで、前者については手当などインセンティブを取り入れ、その金額を市場原理によって調整することで自発的な異動を促すことができよう。考え方としてはインターネットによるオークションのような仕組みである。いっぽう後者については、プロ野球のFAを参考に何らかの補償制度を取り入れるとよいかもしれない。

けれども、ここまでくると一企業だけでは限界がみえてくる。グループ企業を含めても社内では仕事もポストも数がかぎられているし、特定の仕事に対する需要も変動する。そこで企業の外に目を向けざるをえない。そうすると必然的に政策論にまで踏み込まなければならなくなる。

†時代後れの「専業主婦モデル」から脱却を

近年はわが国でも経済界などを中心に新卒一括採用の見直しが議論にのぼり、年功制・終身雇用が崩壊するきざしをみせるなど、雇用が流動化しつつある。しかし、それが日本の雇用システムを根底から変えるほどの大きな潮流にならないのは、転職者に不利なさまざまな制度の壁とならんで、政策の壁も厚いからだ。

周知のとおり、わが国では正社員の雇用が国際的にみてもきわめて厚く保障されている。

いわゆる「解雇権濫用の法理」によって、企業は最大限の努力を尽くしたあとでなければ社員を解雇することができない。また、さまざまな局面において、社員の雇用を最優先する政策がとられている。

その背後にあるのは戦後、とりわけ高度成長期に形成された「専業主婦モデル」である。夫が正社員として働き、専業主婦の妻と子は扶養家族として夫の収入に依存するという「標準世帯」では、かりに夫が失業すると家族の生活が成り立たなくなり、へたをすると一家全員が路頭に迷うことにもなりかねない。そのため本人だけでなく、会社も、社会も雇用を最優先せざるをえなかったのだ。

欧米のように自分の専門にこだわり、専門性を軸にキャリアを形成しようとすれば転職も視野に入れなければならず、それだけ失業のリスクも高くなる。そのため個人としては、専門的なキャリア形成をあきらめざるをえない。企業の側も解雇が困難である以上、そして年功制によって処遇する以上、社員の専門性を尊重するには限界がある。つまり雇用の継続を優先する以上、個人の意思による専門的なキャリア形成は犠牲にしなければならなかったのである（前述したフランスの公務員のような例外はあるが）。

それは前述した独立や転職という選択肢についてもいえることであり、失業のリスクを冒して独立や転職をする人が少ないので、企業としてもあえて選択肢を用意したり、中途で独立・転職しても不利にならない制度に切り替えたりする必要はなかった。

ところが、その前提となっている「専業主婦モデル」はだんだんと実体が薄れつつある。

統計上、日本人女性の労働力率が低くなるのは、出産・子育ての時期にあたる二〇代後半から三〇代にかけてであり、年齢別の労働力率をあらわしたグラフがM字型を描くので「M字カーブ」と呼ばれている。

M字の底、すなわち女性の労働力率が低くなるところをみると、高度成長末期の一九七五年には二〇代後半の四二・六％だった。それに対し二〇一八年にはM字の底にあたる三〇代の後半でも七四・八％に達しており、二〇代後半から五〇代前半まで女性の労働力率はおおむね八割前後となっている（総務省「労働力調査」）。実際、最近の若い世代では女性も結婚して働き続けるのが当たり前になっている。

要するに「専業主婦」はもはや少数派であり、欧米やアジア諸国などと同じように夫婦共働き世帯が標準になってきているのである。共働きなら、たとえ夫婦のどちらかが失業しても、家族が生活に困窮する心配は小さい。したがって失業のリスクを冒しても独立や起業にチャレンジできるし、仕事が変わるくらいなら退職してほかの就職先を探すという人も少なくないはずだ。

だとしたら、キャリアより雇用継続を優先する政策も見直しが迫られる。少なくとも失業のリスクを冒しても夢を追いたい、自分の専門性を活かしてキャリアを形成したいという人には、それを可能にする選択肢を用意するとともに、選択しても損をしない仕組みを企業と社会の双方がつくっていくべきだろう。

第四章

認知的に分ける

1 認めるとは「分ける」こと

†人は名誉がかかると努力を惜しまない

これまで組織や集団から個人を制度的、物理的に「分ける」方法について述べてきた。しかし、仕事によっては個人の分担を明確に定めたり、働く場所を物理的に分けたりできない場合がある。たとえば製造現場や間接部門などには、そのような仕事が多い。

それでも「分ける」ことには意味があり、その必要があることは詳しく説明してきた。そこで利用できるもう一つの方法が、認知的に分けることである。つまり、だれが行った仕事か、だれの貢献かを明らかにできればよいわけである。

一人ひとりが行った仕事や貢献が本人だけでなく周囲にもわかるようになれば、仕事に対するアイデンティティや所有感、すなわち自分の仕事だという意識が持てる。また尊敬や名誉といった無形の報酬が得られ、承認欲求が満たされる。もちろん、だれがどれだけ貢献したかが明らかになれば、それを人事評価に反映させることも可能だ。

認知的な分け方の一つが、個人の名前で仕事をさせることである。個人の名前で仕事をさせることによって、組織や集団から個人が分化される。組織や集団とは違う、個人の存在と人格が認められるからである。

わが国には昔から陰徳を積むのを尊び、逆に自分を表にだすことは「はしたない」とする文化があった。企業もまた「仕事はみんなでするもの」という建前のもと、個人の名前を表にだそうとはしなかった。たしかに、それは日本人の美徳かもしれない。

しかし自分の名がでない以上、モチベーションが上がらないのは先に紹介した期待理論でも容易に説明できる。努力しても賞賛や評価、あるいは感謝といった無形の報酬につながらないからである。モチベーションが上がらないどころか、自分の名がでなければ力のだし惜しみや手抜き、モラルハザードといった問題が生じる恐れがある。

そこで仕事の成果に対するアイデンティティを強め、モチベーションと責任感を引きだすため、自分の名前をだして仕事をさせることが考えられるようになる。

京都府宇治市に精密研削盤メーカーとして知られる長島精工株式会社がある。かなり前になるが、私が同社を訪ねたとき、茶髪で耳にピアスをした若者たちが黙々と「キサゲ」

による平面摺りという仕事をこなしていた。

彼らが意欲的に働くのには理由がある。それは訪問時に社長だった長島善之氏の経験からはじまる。

社長就任前に彼は、ある自動車メーカーの工場を訪ねた。するとそこには彼が昔つくった機械がすえられ、二〇年以上たっても現役で稼働していた。彼は一目で自分がつくった機械だとわかったが、工場の人は信じてくれない。そこで彼は、ある証拠を示した。彼が別のメーカーに勤めていた若いころ、自分が組み立てた機械にこっそりと自分のイニシャルを彫り刻んでいて、その機械を自動車メーカーに納入したことを覚えていたのだ。刻まれたイニシャルをみて、工場の人が驚いたのはいうまでもない。

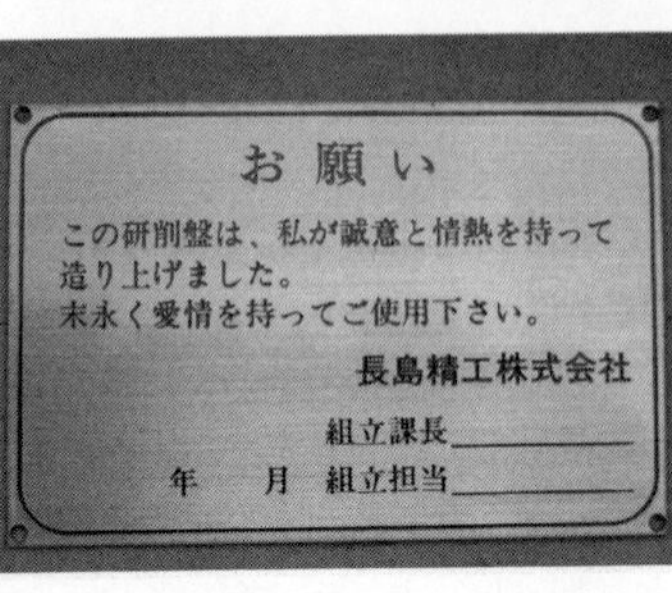

写真5　製作者の名前が入った銘板（長島精工）

自分がつくった機械が二〇年以上も稼働していたことに感動した彼は、さっそく当時の社長に相談し、機械に製作者の名前を入れるよう提案した。同社では機械の組み立てを丸ごと一人に任せているが、組み立てた製品に製作者の名前を入れた銘板（写真5）を貼り付けて出荷するようにしたのである。

仕事を丸ごと任されているので自分のペースで働ける。それに加えて、製品に名前を入れるようにしてからは製品に対する顧客の評価が直接返ってくるようになったため、いっそう仕事に張り合いを感じられるようになったのだ。私が同社を訪ねた当時、中途で辞める若者は皆無ということだった。

仕事の成果に自分の名前を入れさせている例は、いろいろな業種や職種に広がっている。たとえば近年は洋服にデザイナーの名前を入れたり（デザイナーズブランド）、ゲームソフトにクリエーターの名前を入れたりするのが普通になっているし、新聞でも署名入りの記事が増えている。日本酒のビンに杜氏の名前を入れたラベルを貼っている酒造会社や、シェフの名前を張りだしているレストランもある。

経営者や管理職に聞くと、いずれのケースでも、名前を入れるようになってからモチベーションが明らかに上がり、仕事の質も高まったという。自分の名誉にかけてよい仕事をしようという意欲が生まれるのだろう。

†分化できない職場は「見える化」を

もっとも、実際には一人ひとりに分けられない仕事も多い。しかも多様な専門性が求められる仕事ばかりではない。つぎつぎに舞い込んでくる顧客からの注文に対応する業務や、イレギュラーな問題にチームで対処するときなどがそうだ。それでも工夫すれば、一人ひとりの仕事を「見える化」できる場合が少なくない。

サービス業のある事務所では毎日、一人ひとりがその日に行った業務をエクセルに入力し、全員がそれをみられるようになっている。そして残業した部分には色づけをしている。どこの職場でも社内のネットを使って情報共有すれば、一人ひとりが行った業務や貢献はかなり「見える化」できるだろう。また日報に細かく記録するだけでもよい。

興味深い事例があった。ある事業所で詳細に日報を付けるようにしたところ、上司からよく働いているようにみられていた人が実はあまり仕事をしていなくて、意外な人が縁の下で支えていたことがわかったという。「見える化」で「縁の下」に光が当たったのだ。

それでも一人ひとりの貢献を細かく「見える化」できない場合には、仕事のプロセスを「見える化」するという方法もある。

ここでスポーツを例にとってみよう。同じ団体競技でも野球は打率、ホームラン数、盗塁数、防御率というように個人の貢献度を数値化しやすい。それに対しサッカーやラグビーになると、ゴールやトライの数だけでは貢献度のごく一部しかあらわせない。ゴールやトライにいたるまでのプレーのなかに重要な貢献が含まれているからだ。

しかしJリーグやトップリーグの試合では、選手や監督の間ではもちろん、ファンもどの選手がどれだけ貢献したかを知っている。ワールドカップなどになると、ふだんは競技に無関心な素人まで、だれがうまいパスをしたとか、どの選手がたびたびジャッカルに成功したというように語り合う。彼らは球場で、あるいはテレビの画面で選手のプレーぶりをみて選手を評価しているのである。したがって、かりに貢献度が大きい選手を監督が使わなかったり、査定が低かったりすると、監督や球団の「目」が疑われることになる。

このように、一人ひとりの仕事ぶりを第三者の目にさらすことで、公平な広い意味での「評価」を可能にし、承認欲求からくるモチベーションを引きだせる場合がある。

関東地方のあるJA（農業協同組合）では、半世紀ほど前から職員が全組合員の家庭を回って組合への意見や要望を聞く活動を続けている。家庭を訪問しているうちに職員は自然と組合員から顔や名前を覚えられ、仕事ぶりもみられる。その結果、職員の意欲も高くなって組織に活力が生まれ、全国から視察者が訪れるほどだという。

なお序章では組織や集団の内側の人間関係が濃くなりすぎる弊害に触れ、組織や集団から個人を分化することが必要だと述べたが、このJAのように一人ひとりが外の目にさらされると意識が外を向くようになる。それが内側における人間関係の濃度を薄め、分化を促進する場合がある。序章で紹介した「結合定量の法則」を逆手にとる形である。

そのほか、個人が承認される機会を与えるには、定期的に発表会を開いて仕事の進捗状況や成果を報告させるとか、顧客や取引先から届いた声をもとに表彰を行うといった方法があり、それを実践している会社も少なくない。

†「ケ」ではなく「ハレ」の見える化を

ただ、注意しなければいけないことがある。仕事のプロセスの「見える化」は、第一章で述べた「川上」の評価や、第二章で指摘した大部屋オフィスの相互監視と同じように、一歩間違うと過剰管理に陥るリスクをはらんでいる。分けることで無用なストレスをなくし、個人の自律性を尊重するという考え方と矛盾することになりかねないのだ。そこで大事なポイントになるのは、「ハレ」と「ケ」の区別である。

同じプロセスでも仕事の進捗状況ではなく、がんばりや仕事ぶりのような行動レベルを「見える化」するのは、「ハレ」の舞台にかぎるべきである。先にあげたサッカーやラグビーでも監督やファンにみてもらいたいのは試合中のプレーであり、練習でがんばる姿ではない。そして練習でがんばっている姿を評価したら、がんばることが目的になり、その姿をアピールすることに関心が移ってしまう。

そもそも一流選手は陰で練習するものである。それは会社で働く人も同じである。ちなみにここでいう「ハレ」は前述した「川下」に、「ケ」は同じく「川上」に相当する。

この話はつぎの節の内容にもつながっていく。

2 名前をだす権利と、ださない権利

†すべてのアウトプットに名前を入れる

工業社会からポスト工業社会へ移行するにともない、ハードウェアすなわちモノより、ソフトウェアすなわち知識や情報が大きな価値をもつようになった。ときには一社員のアイデアや発明が、企業に莫大な利益をもたらす場合もある。

しかしわが国、とりわけ日本企業のなかでは、知的アウトプットの価値についての認識

がまだ薄い。そのため個人のアイデアであっても組織やチームのものとして扱われたり、上司が部下の手柄を平気で「横取り」したりする場合がある。それでは社員が知恵を絞りだそうとするはずがない。

そこで研究開発の分野だけでなく、一般のオフィスワークなどでも知的アウトプットを尊重することが必要になる。とりわけ組織にとっても価値のある個人の知的アウトプットは、一種の知的財産権として尊重する制度をつくるべきだろう。だからといって、必ずしも金銭的な補償が求められるわけではない。とりあえず、だれの貢献かがわかるようにすればよいのである。あらゆる知的生産物について、原則としてそれを産みだした人の名前を明らかにすること。それを私は「シグネチャーポリシー」(顕名主義)と呼んでいる。

たとえば、職場で部下がアイデアをだしたときは発案者の名前を明示するよう上司に義務づけるとか、会議の発言は記録をとっておくようにする。企画案など社内文書には原則として個人の署名を入れる。プロジェクトチームの場合は、映画のエンドクレジットのようにメンバー個々人の名前と役割を記載すればよい。

このように知的アウトプットについて発案者や製作者の名前をだすようにすれば、社員は智恵のだし惜しみをしなくなるだろう。

なお将来的な話になるが、「認知的に分ける」という趣旨に照らせば、視覚以外にうったえる方法もある。人間の認知能力には視覚のほかに聴覚、嗅覚、触覚、あるいは温度を知覚する能力もある。イヌやネコをはじめ他の動物の多くがそれらの感覚を使ってなわばりを守っていることを考えたら、それらも個人の分別手段になるはずだ。さらに倫理的な問題さえクリアできれば、将来的には光彩や静脈などを使って一人ひとりの貢献度を特定する技術が普及するかもしれない。

†いっぽうで高まるリスク

ところで近年は責任の所在を明確にし、仕事に責任感を持たせるため、個人の名前をださせるところが増えてきた。カフェやレストランのウエイター、ウエイトレス、ホテルのスタッフ、会社や役所の窓口で応対する人たちは胸に名札を付けるのが当たり前になっている。またコールセンターでは、商品の説明やアフターサービス、各種相談などに携わる人が最後に自分の名前を名乗る。スーパーやコンビニでは、レシートにレジを打った店員の名前が入っている。

その効果があって、個人名をだすようにしてからサービスの質がよくなったとか、仕事のミスが減ったという話はよく聞く。しかし、いっぽうでは名前をだすようにしてからストレスをうったえる人が増え、離職率が高まったという報告もある。少なくとも先に紹介した機械にネームプレートを貼る例や、記事に署名を入れる例と違って、自発的なモチベーションが上がったという話は寡聞にして知らない。

では、先にあげた例とどこが違うのか？

仕事の性質に注目するなら、先の例では個人に裁量権があり、個人のアイデアや創造性、一般的にいえば自分の個性を発揮できる。それに対し、ここにあげたような仕事はどちらかというと受け身で定型的な業務であり、個性を発揮する余地が乏しい。そのため、マニュアルどおりに接客したか、ミスをしなかったかなど、いわゆる減点主義で評価される。

実際、意見箱に届く顧客の声は「笑顔がなかった」「皿に指を入れていた」といった類いのものが大半だという。なかには従業員を名指しで批判する人も少なくないそうだ。その結果、マネジャーから本人にも、自ずと注意点や改善点などネガティブなフィードバックがたくさん届くようになる。

このような立場に置かれている以上、ストレスを強く感じたり、「やらされ感」にさいなまれたりするのは当然ともいえよう。それだけではない。不特定多数の客に名前をさらすことによってＳＮＳに嫌がらせの投稿をされるとか、ストーカーの被害に遭うといったリスクも十分考えられる。個人情報保護の必要性が叫ばれているいまの時代に、何と無防備なことかという気がする。

同じ名前をだすにしても、前者と後者とはつぎのように決定的な違いがある。

†名前をだす、ださない、の基準は何か

ここで原点に返ってみよう。そもそも「分化」とは組織や集団から個人を「分ける」ことであり、それによって一人ひとりの個性や行動、業績、そして人格の自由を尊重するところにねらいがある。したがって前者のように、名前をだすことで組織全体のなかではみえてこない個人のアイデア、貢献などを外部から認識できるようにするのは「分化」の趣旨に合致する。

それに対して個性を発揮できない定型的な業務や、組織の意思・意向を単に代弁する仕事で個人の名前をださせるのは「未分化」、すなわち個人を人格的に組織と一体化させることである。過激な表現をすれば、個人の顔を組織色に塗り替えているといってもよい。

したがって、そのような仕事では逆に個人の名前をださないことこそ「分化」の趣旨に沿

うのである。

新聞記者を例にとれば、ただ事実をありのままに伝える場合や、新聞社の方針にしたがって自分の意に沿わない文章を書くときなどには、自分の名前をだしたくないだろう。

まだ新型コロナウィルスへの感染が警戒されるようになる前に、役所の窓口で職員がマスクを付けることに対して賛否の意見が分かれ、ちょっとした論争になったことがある。「マスクを付けたい」という職員心理の深層には、自分の人格から切り離して仕事をしたいという気持ちが隠れているのかもしれない。その点では、コンビニ言葉で「○○円ください」といわず「○○円になります」というのも、電車の車掌が「ドアを閉めます」ではなく「ドアが閉まります」とアナウンスするのも、同じ心理が働いていると考えられる。いずれにしても、態度や行動はともかく自分の人格までは組織に売りたくないわけである。

要するに、ある状況のもとで名前をだすのと、対照的な状況のもとで名前をだすのとは一見すると似ているようでも、実は正反対の意味をもつといってよい。個人の人格権という視点からすると、「名前をだす権利」と「名前をださない権利」は表裏一体なのである。

もっとも組織の側からすれば、仕事に対する責任の所在を明らかにする必要がある。しかし、それなら本名をだす必要はなく、ニックネームなど仮名でもよいはずだ。要はだれが行った仕事かを把握できればよいのである。

少し話を広げると、公務員の匿名主義もそこに理由がある。官僚制の趣旨に則って、職員に公平で客観的な仕事を徹底させようとすれば、そこに個人的要素を持ち込む余地はなくなる。したがって匿名で仕事をするのが当然という結論に行き着く。しかし、それでは公平性や客観性は担保されるかもしれないが、最低限もしくは標準的な仕事しか期待できない。

個性を発揮して自発的に仕事をさせながら、それを組織や社会の利益につなげていくにはどうすればよいのか。その仕組みづくりこそ、終章で述べるテーマである。

終　章

分けて統べる

†経営理念は必要か

本書は序章でまず、なぜ個人を組織から分化しなければならなくなったか、なぜ分化できるようになったかを述べた。そして第一章から第四章では、四つの次元で分化の方法や分化がもたらす効果を説明した。

締めくくりの本章では、全体を貫くバックボーンとなる理論的枠組みについて述べておきたい。

あらためていうまでもなく、ただ「分ける」だけなら組織はその目的を達成できないし、最終的には個人の利益にも反するようになる。そこで、序章でも触れたとおり組織と個人を統合することが必要になるわけである。

では、組織と個人を統合するにはどうすればよいのだろうか。

経営の現場で、組織としての求心力を保つためにとくに重要な役割を果たすと考えられているのが、経営の理念やミッションである。主な大企業は、「自社の製品やサービスをとおして社会に貢献する」とか、「消費者のニーズに応え人びとに幸せをもたらす」といった立派な理念を掲げている。また経営理念のなかに「労使協調」や、「会社と社員の共存共栄」というような文言を入れている企業もある。

そこからうかがえるのは、こういった企業や経営者が組織をあらかじめ一体としてとらえているか、あるいは「全社一丸」になるのが望ましいと考えていることである。裏を返せば、「分化」の必要性や大切さは強く意識されていないことをあらわしている。

もっとも、多くの企業では経営理念を必ずしも経営の柱として尊重してきたわけではなく、上場にあたって急ごしらえでつくったような企業もある。そのため経営幹部はともかく、一般社員のなかで自社の理念やミッションに深く共鳴している人は少ないのが現実だろう。

そこで考えなければならないのは、そもそも経営理念は絶対必要なものかどうかである。私は正直なところ、後述するような理由から経営理念はなくてもよいと考えている。

皮肉ないい方をすれば、経営理念が世間に向けた単なる「お飾り」にすぎないのならまだしも、掲げられた内容を墨守すると、場合によってはかえって弊害が大きくなる。

まず入り口、すなわち採用の段階で理念に共鳴しない人に門戸を閉ざしたり、遠ざけたりしてしまう。そして掲げた経営理念と個々の社員の価値観とが一致しない場合には、社員が居場所を失ってしまう。

たとえば、会社が「顧客満足第一」という理念を掲げ、管理職がそれを忠実に実践したとしよう。その場合、正しい方法で利益を追求したり、売上げ拡大をめざしたりする部下の行動が否定されるかもしれない。結果として顧客には満足されても、経営が立ちゆかなくなる可能性がある。

実は未上場の優良企業のなかには、経営理念など存在しなくてもうまく回っている会社がたくさんある。それでも会社がバラバラにならないのは、会社の外に組織と個人を媒介するものがあるからだ。

それは市場や社会である。

†分化しながら統合する仕組み

私は伝統的な組織と個人の統合についての考え方を「直接（的）統合」、市場や社会によって媒介される統合を「間接（的）統合」と呼んでいる（太田 一九九三年ほか）。

「直接統合」では、個人が組織に参加した時点で組織の目的と個人の目的は統合される。たとえばバーナード（一九六八）の理論にしたがうなら、個人が組織の目的を受け入れて協働に参加した時点で「組織人格」を取得し、組織の目的を自分の目的として追求することになる。また組織と個人の統合というテーマに真正面から取り組んだ、C・アージリスやD・マグレガー、R・リカートなど新人間関係学派の研究者も、個が全体と融合した「有機的組織」を理想として掲げている。

直接統合は、組織と個人の統合に関する最もオーソドックスな理論である。前述した多くの日本企業が掲げている経営理念も、直接統合の考え方に基づいているといってよい。しかし直接統合の理論には、分化しながら統合するという発想はみられない。したがって、どこまでいっても分化と統合のトレードオフからは逃れられない。まして「分化するほど統合が強まる」といった逆説などありえないことになる。

それに対して私が提唱した間接統合では、個人は組織の一員となりながらも組織の目的とは必ずしも一致しない仕事上の目的を追求することができる。ベクトルの違う組織の目的と個人の目的を統合するのが市場や社会なのである。

たとえば研究開発に従事する技術者の場合、市場や社会のニーズに応えるような技術や製品を開発するのに専念する。そこで成果をあげることが技術者として社内のみならず、業界での評価にもつながる。そして市場や社会のニーズに応えることは、組織の目的でもある。そのため、結果として組織と個人の目的が統合されるわけである。

同じように広報担当者は自社の商品やサービスなどが社会に理解されるように努め、営業の担当者は市場のニーズに応えること、経理の担当者は会計処理や資産管理を正確に行うことを目的に仕事をする。

民間企業だけではない。たとえば公務員の場合、地域や社会のために貢献することが行政組織の目的を達成することにもつながる。いっとき話題になった「スーパー公務員」などはそのイメージに近い。

いずれの場合も、個人は組織のほうを向いて仕事をしているわけではないし、組織とつねに共同歩調をとるわけでもない。それでも、個人は市場や社会に導かれる形で組織と統合される。たとえていうなら、離ればなれになった旅人が北極星を目印に進むことで、ともに目的地にたどり着けるようなものだ。市場や社会が北極星の役割を果たしているわけであり、前述した経営理念やミッションのようなものが存在しなくてもそれが個人を導いていくのである。

ただしこれは理念型であり、実践するためには前章までに述べたような方法で個人を組織から分化するとともに、市場や社会に適応することが有形無形の報酬に反映されるようなシステムをつくる必要がある。

そして問題は、間接統合がほんとうに有効かどうかである。そこで、私がかつて行った研究の結果を簡単に紹介しておきたい。

†分化した企業は生産性も満足度も高い

直接統合と間接統合のどちらが有効か。それを明らかにするため、一九九三年から九四年にかけて、全国の主要企業とそこで働くホワイトカラー労働者を対象に実証研究を行った（詳細は太田　一九九四、同　一九九五を参照）。

まず二三三社を対象にした書面による調査の回答を多変量解析にかけ、自社が行っている統合のスタイルが「直接統合に近い企業」と「間接統合に近い企業」を抽出した。その抽出に用いられた主な尺度はつぎのようなものである。

●は直接統合、○は間接統合の尺度。

［人事評価の方針］

●常に組織の進む方向と同じ方向で努力している

●会社の行事や会合などに積極的に参加する

●仕事のやり方、態度が社員として模範的である
○仕事上の専門能力が優れている
［組織、管理、勤務条件等で重視していること］
●グループで全員一丸となった活動
●職場の人間関係が濃密である
●組織の目的が個人の目的に優先される
○自分のペースで仕事ができる
○勤務時間を個人の裁量に委ねる
○会社の外で活躍する機会がある

つぎに両方の企業群に属するホワイトカラー労働者に質問票を送り、回答のあった四四一名について①「仕事に対する満足度」、②「私生活との両立に対する満足度」、③「会社の利益への貢献度」、④「社会の利益への貢献度」をそれぞれ両群で比較した。

その結果、営業・マーケティング、財務・経理、企画の事務系職種では、①②③のいずれにおいても直接統合より間接統合のほうが統計上有意に高い値があらわれた。また統計

的な有意水準には達しないものの、一般事務職の一指標を除き、技術系・事務系を問わず直接統合より間接統合の値が上回っていた。

また、より客観的に比較するため企業の回答をもとにして「統合の直接性」という尺度をつくり、日本経済新聞社が開発した「PRISM」という多角的企業評価システムで測定された業績の総合得点（財務・収益力などからなる）との相関を求めた。その結果、技術系・事務系を問わず両者の間に有意な負の相関があらわれた。さらに直接統合を行っている企業より、間接統合を行っている企業のほうが「PRISM」で上位三〇〇社に含まれている比率が顕著に高かった。

要するに、直接統合より間接統合に近いマネジメントを行うほうが、社員の満足度も企業の業績も高くなることが判明したのである。

†あらゆる領域で「分けて統べる」時代に

組織の内でも外でも人材は多様化し、仕事の専門化も日々進んでいる。それだけ分化の必要性が強くなっているといえる。いっぽうでこの研究が行われた当時と違い、現在はインターネットなどの普及により統合が格段に行いやすくなっている。すでに述べたとおり、

「機能と行動の切り離し」が容易になったわけである。

もはや分けることと、つながることはトレードオフではなくなったのである。それどころか、分けることによっていっそうつながりやすくなり、より強い統合が可能になる。そのことは、すでに紹介したつぎのような事実や事例も物語っている。

・仕事の分担が明確になるほど他人を助けようという動機が生まれ、また積極的に協力し合って仕事の成果をあげようとすること（序章）。
・個人の物理的空間が確保されているほうが積極的にコミュニケーションをとるという研究結果（第二章）。
・スピンアウトして独立した元社員と企業との間で、在職時以上に強力なアライアンスが形成されるケース（第三章）。
・一人ひとりの貢献が「見える化」されると、積極的なチームワークが生まれること（第四章）。

いずれの事実や事例でも、人と人とを、あるいは組織・チームと個人を強く結びつけているのは当事者間の関係を超えた「仕事」そのものであり、その背景にはやはり市場や社会という媒介者の存在があることを見逃してはならない。また、すでに述べたとおり組織の内と外との境界はだんだんとあいまいになってきたが、そこでは必ず組織の枠を超えた「仕事」によってつながっているわけであり、無意識のうちに間接統合が行われていることを意味している。

当然ながら、間接統合の枠組みは組織全体と個人との関係だけでなく、所属部署と個人、チームと個人の関係にも通用するし、企業や行政組織（役所）のほか、ＮＰＯ（民間非営利組織）、学校、病院などにも応用できる。

さらに考え方そのものは、地域と個人、国家と個人のようなレベルにも当てはまるはずだ。地域べったりの人より地域と距離を置きながら経済活動や文化活動で活躍する人のほうが地域に貢献しているといった例や、偏狭な愛国主義者より広い視野をもつコスモポリタンのほうが国家に役立っているような例はけっして珍しくない。

あらゆる領域、あらゆる場面において、「分けて統べる」、すなわち分化しながら統合するという考え方がいっそう必要になっていることを強調しておきたい。

あとがき

「日本人は集団主義で、個人主義の欧米人とは違う」。こうしたステレオタイプの考え方がいまだに根強く残っている。組織や集団のメンバーは分けることを望んでいないし、分けるとチームの結束が乱れ、組織の求心力が弱まる——。そう信じている人がどれだけ多いことか。しかし実際はそうでないことを本書で説いてきた。

それは狭い意味での働く場や、働き方以外のところにも当てはまる。

二〇一九年のワールドカップ東京大会で盛り上がったラグビー。日本代表チームが掲げ、流行語大賞にも選ばれた「ＯＮＥ ＴＥＡＭ」のフレーズから、メンバーのつながりや団結ばかりがクローズアップされるが、実は多様な個人の力をうまく結晶できたところに成功の秘訣があったのではないか。

選手たちの国籍や所属はさまざまで、「キックの名手、田村優」「ジャッカルの姫野和樹」というように一人ひとりの個性が輝いていた。金髪もいれば、ドレッドヘアもいた。

彼らは「すべての時間を犠牲に」し、年間二四〇日にも及ぶ合宿を耐え抜いてきた。その背景には、一人ひとりの個性が尊重され、スターになれるチャンスがあったこと、そしてワールドカップまでと期間が限定されていたことを見逃してはいけない。

「ミスターラグビー」の異名をとり、日本のラグビー界に「革命」を起こした故平尾誠二さんは、個人を尊重するリーダーシップでチームを強くした。彼は神戸製鋼の主将に任命されたとき、選手一人ひとりには生活があることを理解して全体練習は週三日、一日に二時間程度と大幅に減らした。すると練習での集中力が増し、チームの結束力も目にみえて強くなったと語っていた。それが日本選手権七連覇という偉業につながったのだ。

つぎに芸能界へ目を転じてみよう。AKB48グループの総監督として三〇〇人以上のメンバーをまとめてきた高橋みなみさんは、自身の経験から強いチームであるためには「ひとりひとり」でなければならない、とくり返し述べている。そして、こう断言する。「小さな4人グループが4つある16人チームより、ひとりひとりがそれぞれ独立してパワーを持っている16人チームのほうが、チームとしての総合力は絶対に強いんです」(高橋 二〇一五、七四頁)。

芸能界は特殊だと思われるかもしれない。しかし緊密なチームワークと総合力が大切なのは、どの組織でも同じだ。そしてデリケートで鋭い感性を備えた若者たちとの深い関わりから学んだ経験則は、ポスト・ミレニアル世代の組織づくりや、いま企業ではやりの「タレントマネジメント」にも通じるのではないか。

さらに、私たちの身近なところにも「分けたら求心力が強まった」という例はたくさんある。

近年、PTAや町内会の旧態依然とした運営に批判が集まり、退会者が増えて運営に支障をきたすところもあらわれている。ところが、いっぽうで強制的な役員割り当てを廃止したPTAでは、行事への参加者が増えたという例が報告されている。また東京都武蔵野市では町内会を置かず、地域活動へ参加を強制するようなものがいっさい存在しないにもかかわらず、ボランティアによる地域活動が盛んで、市民の一%がコミュニティ協議会の運営に関わっている。

他の学校や自治体をみても、全員一律や強制をやめたら活動が盛んになったという例は多い。強いつながり、濃い人間関係を受け入れられるかぎられた人しか入っていけなかったのが、だれでも気軽に参加できるようになったからだ。みんなで一緒に活動したい、他人や地域の役に立ちたいという気持ちはたいていの人が心のなかに抱いている。「やまあらしのジレンマ」の比喩をまた持ちだせば、任意加入や任意参加が徹底されると、近寄ってもトゲが刺さらない保証が得られるのである。

私自身も個人的に、たびたび似たような経験をしている。かつて職場の団体旅行や学校の同窓会で幹事をしたとき、翌日に疲れが残らないようにと寝室を個室にしてみた。すると案の定、とても好評で、いびきをかくからとか、夜通しの宴会につきあえないからと参加を渋っていた人まで喜んで参加してくれた。みんなで一緒に飲んで騒ぎ、休みたくなったら自分の部屋に戻る。どこまでもつき合わされる心配がないためか、宴会はいつも以上に盛り上がっていた。

本文でも強調したように、「分ける」のと「つながる」のとは対立するものではなく、ある意味で表裏一体のものなのである。

「日本人は集団でないと欧米人に勝てない」というのも誤った伝説だ。

周知のとおり近年は毎年のように日本人がノーベル賞を受賞しているし、オリンピックでも水泳、スケート、柔道、レスリングといった個人競技で金メダリストが続々と誕生している。世界を舞台に活躍する若手のアーティストやミュージシャンは、もはや珍しくない。

日本人は、個人としても十分に世界で通用する力をもっているのだ。もちろん企業や役所などの組織で働く多くの人たちも、一人ひとりは大きな潜在能力を秘めている。組織や集団から個人を分化することで、一人ひとりの力を存分に発揮させるとともに、日本人が本来備えている思いやりの心や連帯の精神を呼び起こし、生かせるようになるに違いない。

本書の刊行に際して筑摩書房第二編集室の松田健部長と、担当の藤岡美玲さんにたいへんお世話になった。心より謝意をあらわしたい。

二〇二〇年四月
新型コロナウィルスの蔓延で日本人の働き方もあらためて問われているさなかに擱筆する

太田　肇

引用文献

太田肇『プロフェッショナルと組織――組織と個人の「間接的統合」』同文舘出版、一九九三年
同『日本企業と個人――統合のパラダイム転換』白桃書房、一九九四年
同「間接的統合と企業業績」滋賀大学『彦根論叢』第二九五号一九九五年
同『承認欲求――「認められたい」をどう活かすか？』東洋経済新報社、二〇〇七年
釘原直樹『人はなぜ集団になると怠けるのか』中央公論新社、二〇一三年
玄田有史「職場の危機としてのパワハラ――なぜ「いじめ」は起きるのか」東大社研、玄田有史、飯田高編『危機対応の社会科学（上）――想定外を超えて』東京大学出版会、二〇一九年
A・ショーペンハウアー（秋山英夫訳）『ショーペンハウアー全集』第一四巻、白水社、一九七三年
高田保馬『社会学概論』岩波書店、一九二二年
高橋みなみ『リーダー論』講談社、二〇一五年
É・デュルケーム（田原音和訳）『社会分業論』青木書店、一九七一年
竇少杰『中国企業の人的資源管理』中央経済社、二〇一三年
V・A・トンプソン（大友立也訳）『洞察する組織――組織一般理論』好学社、一九七一年
中井信彦「三井家の経営――使用人制度とその運営」社会経済史学会『社会経済史学』第三一巻六号、一九六六年
西村和雄、八木匡「幸福感と自己決定――日本における実証研究」*RIETI Discussion Paper Series* 18-J-026, 2018
A・O・ハーシュマン（三浦隆之訳）『組織社会の論理構造――退出・告発・ロイヤルティ』ミネルヴァ

書房、一九七五年
C・I・バーナード（山本安次郎、田杉競、飯野春樹訳）『新訳 経営者の役割』ダイヤモンド社、一九六八年
E・T・ホール（日高敏隆、佐藤信行訳）『かくれた次元』みすず書房、一九七〇年
松山一紀『次世代型組織へのフォロワーシップ論』ミネルヴァ書房、二〇一八年
安田宏樹「職場環境の変化とストレス」東京大学社会科学研究所『社會科學研究』第五九巻第二号、二〇〇八年
山本勲・黒田祥子『労働時間の経済分析――超高齢社会の働き方を展望する』日本経済新聞出版社、二〇一四年
P・R・ローレンス、J・W・ローシュ（吉田博訳）『組織の条件適応理論』産業能率短期大学出版部、一九七七年
Akira Kawaguchi, "Maternity harassment in Japan: Why do regular employees have higher risk than non-regular employees do?" *Japan & the World Economy*, Vol. 49, issue C, 2019
Edward. L. Deci and Richard. M. Ryan, "The "What" and "Why" of Goal Pursuits: Human Needs and the Self-Determination of Behavior", *Psychological Inquiry*, Vol. 11, No. 4, 2000
Ethan S. Bernstein and Stephen Turban, "The impact of the 'open' workspace on human collaboration", *The Royal Society*, July 2018
Wilmar B. Schaufeli, Marisa Salanova, Vicente González-Romá and Arnold B. Bakker, "The measurement of Engagement and burnout: A two sample confirmatory factoranalitic approach", *Journal of Happiness Studies* Vol. 3, No. 1, 2002

ちくま新書
1502

「超」働き方改革
――四次元の「分ける」戦略

二〇二〇年七月一〇日　第一刷発行

著者　太田肇（おおた・はじめ）

発行者　喜入冬子

発行所　株式会社 筑摩書房
東京都台東区蔵前二-五-三　郵便番号一一一-八七五五
電話番号〇三-五六八七-二六〇一（代表）

装幀者　間村俊一

印刷・製本　三松堂印刷 株式会社

ISBN978-4-480-07325-9 C0236

1283
ムダな仕事が多い職場
太田肇
日本の会社は仕事にムダが多い。顧客への過剰なサービス、不合理な組織体質への迎合は、なぜ排除されないのか？　ホワイトカラーの働き方に大胆にメスを入れる。

1041
子どもが伸びる ほめる子育て
――データと実例が教えるツボ
太田肇
「ほめて育てる」のは意外と難しい。間違えると逆効果。どうしたら力を伸ばせるのか？　データと実例で「ほめ方」を解説し、無気力な子供を変える育て方を伝授！

926
公務員革命
――彼らの〈やる気〉が地域社会を変える
太田肇
地域社会が元気かどうかは、公務員の〝やる気〟にかかっている！　彼らをバッシングするのではなく、積極性を引き出し、官民一丸ですすめる地域再生を考える。

1479
地域活性マーケティング
岩永洋平
地方の味方は誰か。どうすれば地域産品を開発、ブランド化できるのか。ふるさと納税にふるさとへの思いはあるか。地方が稼ぐ仕組みと戦略とは。

1368
生産性とは何か
――日本経済の活力を問いなおす
宮川努
停滞にあえぐ日本経済の再生には、生産性向上が必要だ。誤解されがちな「生産性」概念を経済学の観点から捉えなおし、その向上策を詳細なデータと共に論じる。

1413
日本経営哲学史
――特殊性と普遍性の統合
林廣茂
中世から近代まで日本経営哲学の展開をたどり、渋澤栄一、松下幸之助、本田宗一郎ら20世紀の代表的経営者の思想を探究。日本再生への方策を考察する経営哲学全史。

842
組織力
――宿す、紡ぐ、磨く、繋ぐ
高橋伸夫
経営の難局を打開するためには、〈組織力〉を宿し、紡ぎ、磨き、繋ぐことが必要だ。新入社員から役員まで、組織人なら知っておいて損はない組織論の世界。